裴斐
说《论语》

裴斐 ◎ 著

四川文艺出版社

图书在版编目（CIP）数据

裴斐说《论语》/裴斐著. —成都：四川文艺出版社，2024.4
ISBN 978-7-5411-6846-8

Ⅰ.①裴… Ⅱ.①裴… Ⅲ.①《论语》—研究 Ⅳ.①B222.25

中国国家版本馆CIP数据核字（2024）第021213号

PEI FEI SHUO LUNYU

裴斐说《论语》

裴斐 著

出 品 人	冯 静
责任编辑	邓艾黎
封面设计	琥珀视觉
内文设计	史小燕
责任校对	段 敏
责任印制	桑 蓉

出版发行	四川文艺出版社（成都市锦江区三色路238号）
网 址	www.scwys.com
电 话	028-86361802（发行部） 028-86361781（编辑部）
邮购地址	成都市锦江区三色路238号四川文艺出版社邮购部 610023
排 版	四川胜翔数码印务设计有限公司
印 刷	成都东江印务有限公司
成品尺寸	143mm×210mm 开 本 32开
印 张	7.5 字 数 170千
版 次	2024年4月第一版 印 次 2024年4月第一次印刷
书 号	ISBN 978-7-5411-6846-8
定 价	45.00元

版权所有，违者必究。如有印装质量问题，请与出版社联系调换。028-86361796。

《论语》无愧为儒家的圣经

(代序)

中国传统文化的核心是儒家学说,圣人孔子是儒家学说的创立者。西汉学者们认为儒家的经典"六经"是孔子所作,或为孔子删定的。"六经"中的《乐经》亡佚,存《周易》《尚书》《诗经》《仪礼》《春秋》,它们保存了孔子的微言大义,体现了儒家之道。然而自北宋以来,学者们以求真务实的态度开始了疑经疑传的风尚,以为传世的儒家"五经"实为古代文献,其中的《周易》《尚书》《诗经》《仪礼》曾被孔子作为教材,而《春秋》乃鲁史,并非孔子所著。新儒学——理学创始者之一的伊川先生程颐的弟子谢良佐曾将"五经"的要语集为一册,程颐批评说:"玩物丧志。"这表明理学家并不看重"五经",不希望弟子们在经学方面用功夫。理学家们认为汉代的经师和唐代的古文家均非真正的儒者,只有他们才发现了儒家之道,他们才是真正的儒者。他们特重儒家圣人孔子的语录《论语》和亚圣孟轲的语录《孟子》,又从《礼记》中发现了《大学》和《中庸》,从而阐发它们的义理,使儒家之道复明于天下。此"四书"中当然《论语》的意义尤为重要,如南轩先生张栻说:"学者,学乎孔子者也。《论语》之书,孔子之言行莫详焉，所当终身尽心者，宜莫先乎此也。圣人之道至矣，而其所以教人者，大略则亦可睹焉。"理学家们对儒家学说的认识，远胜于汉代经师和唐代古文家，并在探求义理方面达于精微的思辨。裴斐先生说："认识中国文化传统从儒家开始，认识儒家从孔子开始，认识孔子从《论语》开始。"我赞同此论。

裴斐，原名裴家麟，1933年夏历八月二十七日出生于成都市，1947年考入成都华西协合高级中学（今成都华西中学），任《青年文艺》主编，出版小说集《母与子》。1950年，他考入华西大学中文系，被誉为"蜀中才子"；次年由川西教育厅推荐到北京选择高校深造，遂入北京大学中文系，又被誉为北京大学才子之一；1954年毕业留校担任著名学者王瑶的助手，讲授中国现代文学史，同时发表唐诗研究系列论文，成为知名的青年学者。1979年，裴斐重返教学岗位，由语言学家马学良推荐，调入中央民族学院（今中央民族大学）任教。他为研究生开设的课程有：古汉语文选、《论语》选讲、《庄子》选读、唐诗格律、杜诗研究、李白研究、文学理论。他是卓越的唐诗研究专家，著述甚多，其理论著作有《诗缘情辨》和《文学原理》。裴斐于1997年不幸去世，享年64岁，未尽其才，留下无尽遗憾。此部《裴斐说〈论语〉》是他于1993年9月至1994年1月在中央民族大学为中文系本科生和研究生开设专题课程的讲稿，后另据授课录音和讲稿上他的手批做了增补。

近二十年来，由于国学热潮的再度兴起，以通俗的方式讲《论语》者甚多，似欲认识真正的孔子，或欲突显现代意识，往往又宣扬了旧的儒家伦理道德思想，难以解决怎样合理地对待中国传统文化的问题。裴斐是学识渊博的学者，具有敏锐的思想和谨严的治学态度。他讲评《论语》为时一学期，仅七篇而止，却将孔子简朴深奥的哲理，以明白晓畅的现代语言和自己的时代感受做了新的诠释，体现了一种新的思想和新的理论。我们由此不仅可以认识儒家圣人的真实思想，还可认识儒家学说的本质，更可能省发我们认识中国传统文化所含蕴的中华民族精神。他特别指出孔子企望建立的社会秩序有两点值得注意：第一，它是建立在感情而非暴力的基础之上；第二，它不是人人平等，而是有上下、尊卑之分。由于前一点，孔子的理想从未实现过，它始终是一种空想；由于后一点，它又不断地被后世专制统治者利用。我们由此既可以辨识儒家的伦理道德学说在中国思想史上的进步意义，又可认识到它作为中国封建社会统治思想的理论基础而成为人民思想的桎梏。孔子学说最可宝贵的是他的全部学说都是面对现实人生，是为了建立起人人互相亲爱的人间秩序；既没有天堂、彼岸的吸引，也不用上帝或鬼神来威慑，而是靠激扬人自身的道德情操来维系。这种社会理想虽不曾被实现——亦不可能实现，但它作为一种文化，比起其他宗教文化有其优越之处，因为它依赖于人自身而非任何超自然力量。因此在世界各民族的古代文化中，唯独中国的儒家文化不是宗教，这是一个奇迹。

　　孔子是富于智慧、道德高尚、积极入世的儒家圣人。裴斐认为孔子的伟大往往不表现在主张本身，而表现在他的实际行为不符合他的主张。孔子的身份有三方面：思想家和政治家、教育家、人。这三面既和谐一体，又常有矛盾，唯其如此才是真实的。须知孔子也是人，有缺点，有失误，言行有不一的时候，修养也不总是那么高，激动时还会赌咒发誓。唯其如此，他才是可敬可亲的。这为我们描绘了一位真实的儒家圣人。孔子十分重视精神的价值,但却从未宣扬过超乎人身(物)的意识存在,因此裴斐说:在我看来,他也是个唯物论者。我们从哲学的视角来看,孔子所代表的先秦儒者是最有生命力与合理性的;其可贵之处在于合情合理,切实可行。《论语》无愧为儒家的圣经。

孔子这位圣人并非十全十美。裴斐以文化批判的态度指出,孔子及儒家伦理的局限就在于它只着眼于个人欲望的消极面,好像只有道德才是高尚的,一提起欲望就认为是坏东西。实则一个人没有欲望那还叫作人吗?可见孔子学说的最大缺陷就在于忽视个体人格价值,尽管他自己的人格是很值得钦佩的。裴斐特别举出孔子对妇女的歧视,说他不懂男女之情这门深奥的学问,其男女观是非常粗鄙的,以致后来的儒家更不像话,给妇女规定了"三从四德"。这是儒家文化的坏东西。他指出,孔子主张的德与礼都是叫人守规矩,而历史上凡有成就者都不那么守规矩,太守规矩就做不出成就。孔子谈到《诗经》时说了一句"思无邪",还谈到尚同、尚用的话。裴斐认为这是孔子的最大失误。儒家文化对文学发展的不利,孔子是有责任的。在对《论语》的评论中,裴斐表示:"指出孔子的坏,正是为了继承这位文化伟人,使其学说在今天继续发挥作用。"

裴斐是博学而明辨的学者,他对孔子学说精要而深邃的见解,对我们现在应以怎样的态度看待中国传统文化是最富于启迪意义的。我深信历史总是在传统与反传统的矛盾中前进的,历史只能在反传统力量的推动下开拓前行。裴斐对孔子学说高度评价并指出其严重缺陷,体现出现代文化价值观念对儒学本质的历史唯物主义的认识。他的某些观点尚未充分阐发,往往表示"到此为止",留待读者去进行进一步的思考和学理的探索。他的这部《裴斐说〈论语〉》极受当时的受众所喜爱和激赏,我以为它对现在的读者认识我们的传统文化是非常有助益的,是具有"温故知新"的效应的。

裴斐去世后,此讲稿经其高足蓝旭教授花费大量精力加工整理。在此谨致谢忱。

谢桃坊

2023 年 4 月 24 日

于成都百花潭侧之爽斋

目录

前言 001

PART 1 学而第一

一、 人生两件事 010
二、 儒家仁道之根本 013
三、 巧言令色好不好？ 016
四、 严于律己 018
五、 当官须知 019
六、 道德与文章 021
七、 道德第一的偏颇与如何看待女性 024
八、 自尊与谦逊 027
九、 重丧祭是为了活人 028
十、 儒家人格理想 029

十一、	孝之一解	031
十二、	儒家社会理想	032
十三、	与人交要讲原则	035
十四、	物质与精神、言与行、学与问	037
十五、	教学相长与精益求精	039
十六、	知己与知人	040

PART 2　为政第二

一、	美好的空想	044
二、	孔子的重大失误	045
三、	王道与霸道	047
四、	孔子晚年的自白	048
五、	释孝之一	050
六、	释孝之二	051
七、	释孝之三	051
八、	释孝之四	052
九、	孔子喜欢内向型性格	053
十、	知人不难	054
十一、	温故与知新的关系	056
十二、	专与博的关系	057
十三、	做了再说	058
十四、	合而不从	059

十五、	学与思的辩证关系	060
十六、	关于排斥异端	062
十七、	为学切忌不懂装懂	063
十八、	多闻多见与谨言慎行	065
十九、	用人唯贤	066
二十、	居上位者须以身作则	067
二十一、	孔子自我解嘲	068
二十二、	人无信则事无以成	069
二十三、	承传与变革	070
二十四、	合情合理（礼与义）	071

PART 3 八佾第三

一、	对僭礼者怒斥	074
二、	对僭礼者讽刺	074
三、	礼乐与仁的关系	076
四、	仁与礼之本	077
五、	孔子感叹周天子名存实亡	078
六、	孔子维护君主制又一例	079
七、	争与让	080
八、	教学相长又一例	082
九、	言而有征，无征不信	083
十、	不欲观之礼	084

十一、	至仁至孝者可治天下	085
十二、	孔子重祭祀但不相信鬼神之实在	086
十三、	有求无媚	087
十四、	温故知新又一说	088
十五、	敬谨以求实	088
十六、	尚礼不尚力	090
十七、	虚应故事也比荡然无存好	091
十八、	孔子感叹世无知己	092
十九、	维护君主制又一例	093
二十、	中庸之为美	094
二十一、	既往不咎	096
二十二、	孔子贬管仲	097
二十三、	孔子知音者	099
二十四、	天涯何处无知己	100
二十五、	孔子的审美理想	101
二十六、	孔子又在发牢骚	103

PART 4　里仁第四

一、	择邻而居	106
二、	安仁与利仁	107
三、	好好，恶恶	108
四、	志于仁则无恶行	108

五、	君子须时时处处守仁不违	109
六、	世无仁者的感慨	110
七、	观过亦可知其人品	112
八、	生命不息,闻道不止	112
九、	有志于道者不讲究吃穿	113
十、	无可无不可,但以义为从	114
十一、	德治与刑治	115
十二、	孔子对"利"之偏见	115
十三、	礼主敬而以让为实	117
十四、	首先要有真才实学	118
十五、	忠恕即仁	118
十六、	重义轻利	120
十七、	贤与不贤皆可为师	120
十八、	敬而无违乃孝道之根本	121
十九、	孝道箴言	122
二十、	无标题	122
二十一、	孝子之至情	123
二十二、	言不轻出,恐行之不及	123
二十三、	以约自守则少失	124
二十四、	强调慎言过了头	125
二十五、	孔子自叹自励之辞	126
二十六、	谏而不数	126

PART 5　公冶长第五

一、	孔子择婿	130
二、	孔子择婿其二	131
三、	君子必有良师益友	132
四、	对子贡的评价	133
五、	口才无关紧要，太会说话反而不好	134
六、	为何弟子不听话反而高兴？	135
七、	孔子欲浮海	136
八、	当官的好找，仁人难觅	137
九、	孔子偏爱颜渊	138
十、	孔子发脾气	139
十一、	个人欲望与刚毅可得兼乎	140
十二、	仁恕岂易	142
十三、	孔子不言性与天道	143
十四、	子路唯恐有闻	144
十五、	不耻下问	145
十六、	称美子产	145
十七、	称美晏婴	146
十八、	孔子不信占卜	147
十九、	就事论事与全面评价有别	147
二十、	再思可矣	149
二十一、	"愚不可及"乃夫子自道	150

二十二、孔子思归		151
二十三、关于不念旧恶		153
二十四、枉即不直		154
二十五、做人要有节概		155
二十六、师生言志		156
二十七、孔子说话过头		157
二十八、孔子以好学自诩		158

PART 6　雍也第六

一、	孔子极许冉雍	162
二、	居敬而行简	163
三、	只有颜渊好学	165
四、	周急不继富	165
五、	当与即与	167
六、	犁牛之子不妨做牺牛	168
七、	颜渊三月不违仁	169
八、	孔子以弟子自傲	170
九、	闵子骞有庄子之风	171
十、	孔子与弟子诀别	172
十一、	贤者安贫乐道	173
十二、	不为与不能有别	174
十三、	学有小大之分	174

十四、	用人先看人品	175
十五、	"不伐"谈何容易	176
十六、	深叹世之但重佞与色	176
十七、	怪叹道之不行	177
十八、	文质并重	178
十九、	直与罔	179
二十、	知不如好,好不如乐	180
二十一、	中人分上下	180
二十二、	务民之义,敬鬼神而远之	182
二十三、	智者动,仁者静	183
二十四、	鲁须一变,齐须再变	184
二十五、	叹世风之不古	185
二十六、	仁者不愚	185
二十七、	博学不易,反约尤难	186
二十八、	孔子发誓	187
二十九、	中庸之德	189
三十、	圣(博施济众)与仁(推己及人)	190

PART 7　述而第七

一、	述与作	194
二、	学而不厌,诲人不倦	195
三、	孔子四忧	196

四、	闲暇中的孔子形容	196
五、	孔子叹老	197
六、	分辨道、德、仁与艺	198
七、	孔子收学生的条件	198
八、	启发式教育与举一反三	200
九、	吊丧食不甘味，哭不复歌	201
十、	行与藏，勇与谋	202
十一、	孔子比颜渊有人情味	204
十二、	孔子之所慎，敬而远之	205
十三、	孔子陶醉在音乐之中	206
十四、	争国与让国	207
十五、	孔子想当隐士	208
十六、	孔子年将五十还想重新学起	209
十七、	孔子讲课用雅言	210
十八、	发愤忘食，乐以忘忧，不知老之将至	211
十九、	孔子承认有天才但不以天才自居	212
二十、	孔子反对力与乱，不信怪与神	214

小　结　　　　　　　　　　　　　　　216

前　言

做学问也须有竞争意识与冒险精神。

古往今来讲《论语》的人那么多，我现在决定开这门课，就是要和他们竞争，如不能超过前人，也要表现出自己的思想风格和时代特色。附带说一句：我很同意西方诠释学的一个基本观点，即肯定诠释者主观投入之必然性与必要性，认为这正是学术发展的前提。

至于说冒险，是因为有许多心里话要讲。契诃夫曾对高尔基说，他对女人的真实看法，要等到一只脚踏进棺材时才说；好像尼采也说过类似的话。讲讲女人都得冒险，何况谈论整个社会人生！我现在虽然年方六十，但又抽烟又喝酒，正大踏步走向火葬场，所以非抓紧时间说真话不可。再说，这很可能是我在本校最后一次讲大课，成败难卜，由此观之，也是一种冒险。

以上所说近乎玩笑，不必当真。下边转入正题。

人之区别于其他动物，就在有文化。

大率而言，文化分两类：一为研究自然，叫作自然科学；一为研究人自身，叫作人文科学。当然，这两类文化在发展中是相互影响（促进或制约），并且还有彼此渗透的情况，所以我前边用了"大率而言"这个限制语。至于二者之间的关系，应该是人文为本，自然为用；这道理很简单，因为二者的主体都是人，即都是要人去研究，并且是为了人。

从历史上看，中国人两类文化都很发达。但近代自然科学落后了，大大落后了；其中原因这里不去讲，这个事实是大家都承认的。那么人文科学如何呢？有人说好极了，有人说坏透了，已经争论了快一百年，现在仍在争论。两种论调都有道理，又都是片面的。针对"好极了"的论调我说"坏透了"，针对"坏透了"的论调我说"好极了"。

现在令人担忧的不是说好说坏，而是越来越多的人对于自己的民族文化传统根本不了解。自然科学是没有国界的，所谓民族文化就是指人文科学。你们都是大学生、研究生，而且是专攻人文的，请扪心自问：对中国的文、史、哲——具体讲就是经、史、子、集——究竟知道多少？按理每个人都应该是自己民族文化的载体，就是说，自己的人生价值观念、伦理道德观念、思维方式以至日常言行举止，都应具有民族的特色。可是从现在年轻人身上很难看出这种特色。最近接到一个从美国回来的年轻人的电话，讲的是汉语，可满口"哼哼、yes、ok"，你要说"嗯、对、好"岂不省事些？说话腔调也怪里怪气，好像外国人学汉语，其实他就是北京长大的孩子。我不知他英语学得怎样。如果英语也讲不好，那就真成了庄子所说那个到邯郸学步的寿陵人了。这种人在学术界也有，刚学了点洋理论的皮毛，就用来吓唬自己的同胞。我并不反对借鉴西方理论，正如鲁迅所说，吃牛肉可以强壮身体；可是现在有不少人，刚吃了几口牛肉就在那里学牛叫。至于社会道德之败坏，那更是怵心刿目！做人总得有个原则，现在的一些人是什么原则都不讲，或者口头上讲得冠冕堂皇，实行的则是尔虞我诈，钩心斗角，唯利是图；一个礼仪之邦，现在社会有些人人心都变得寡廉鲜耻，难怪有人提出要振兴国学，"兴灭继绝"；也有人惊呼"人心不古"，主张恢复儒家传统。这是一种复古思潮，是对五四时期"打倒孔家店"的反动。我很同情，但并不完全赞成。

自然科学是为发展物质文明，人文科学是为发展精神文明。物质文明无国界，可以全盘西化（实际我们在许多方面早已如此），精神文明则必须保持和发扬自己的传统。如果精神文明也西化，那就丢掉自己做中国人的根本，成了外国人。这种主张，岂不和晚清洋务派的"中学为体，西学为用"一样？不一样。我说的保持和发扬，并非原封不动地继承。以某观之，在我们的传统文化中既有举世无匹的极好的东西，也有长期阻碍社会进一步发展（包括自然科学）的极坏的东西；要保持和发扬，必须用现代的观点重新加以认识，所谓现代观点也包含对西方的借鉴。

从来的复古，其实都是革新；中国、西方均如此。不过最好还是叫复兴。我主张在经济上实行改革开放的同时，在文化上也来一次复兴运动，其基本内容就是重新认识我们民族的文化传统。［温故而知新，温故目的是知新，面向现代和未来。］①

认识中国文化传统要从儒家开始，认识儒家要从孔子开始，认识孔子则须从《论语》开始。

《论语》是部什么书？我说是古今中外绝无仅有的一部

---

① 原讲稿上作者的手批在书中均另加方括号标出。——编者注

奇书。

《论语》是语录体，以记言为主（也记行）；"论"通伦，伦次即编次之意。这是一本由孔门弟子（包括再传弟子）记录编订的孔子言行录，其中也有弟子的言行。孔子一辈子没写过书。《春秋》原出鲁国史官记录，可能经过孔子整理但并非他撰写；即便是他撰写，要没有三《传》就根本无法看懂，而三《传》（尤其是《左传》）中究竟有多少孔子的意思，只有天知道。再，孔子"五十学《易》"是事实，"作《十翼》"之载绝对不可信。孔子思想及言行均见于他人记载，先秦典籍如《左传》《礼记》以至《庄子》中都有；而最全面亦最可信的记载，则无疑是《论语》一书。由门弟子记录先师言行的书并不罕见，例如古希腊苏格拉底和中国的墨翟、孟轲也都没留下著作，其言行亦见于门弟子撰述；再如我国佛教禅宗的各种语录，以及《二程遗书》《朱子语类》等，亦属此类。但所有上述这些书，或以理论命题分门别类，或以纪事本末各自成篇，要之均有不同程度的系统性与完整性。而《论语》二十篇，篇与篇之间既无联系，亦无法从内容或时序上加以区别，一篇之中往往三言两语阐明一个观点，接着就转入另一命题，而同一范畴的命题又散见于各篇。《论语》是部奇书，奇就奇在这种"有头无尾，得后遗前"的天女散花般的写法；奇之又奇的是，如此杂乱无章，总共万余字，竟能表达一个涉及哲学、伦理、政治、历史、教育、文学、音乐等的完整的思想体系，并从而充分显示出孔子的智慧和性格，从中也能看出其若干弟子的性格。

台湾地区学者南怀瑾，认为《论语》每篇都有个中心，并且彼此间有联系，合起来是一篇完整的文章（《论语别裁》），这是不对的。少数几篇确有中心内容（《乡党》尤明显），但绝非篇篇如此。总的看来是杂乱无章，且时有重复，此正说明它保存着孔门弟子的原始记录，编订者纵有改易亦不大。当初孔门弟子恐怕并没想到要写书，只是出于难以忘怀和情不自已，要把关于先师的记忆告诉别人或记录下来，因而终于写下的往往是孔子言行中最精彩最重要的片断：这正是造成《论语》特色及成就的根本原因。

《论语》无愧为儒家圣经，也是人类文化史上一大奇迹。

我开的这门课，题为"论语讲评"，一是讲，再是评。

讲解是为把原义搞清楚，这方面主要参照前人及时贤注解，亦时以己意出之。前人关于《论语》的著作上千家，我只参考三种最重要的注本，即《论语注疏》（何晏集解、邢昺疏）、朱熹《论语集注》、刘宝楠《论语正义》；近代及今人的注本，则参考康有为《论语注》、钱穆《论语新解》、杨伯峻《论语译注》。虽仅六种，实际包括多家，这足够了。各家分歧之处，或择善而从，或两存，一般不说明出处（重要地方也得说明）；出于己见则必说明。字、句解释多从旧注，章节串讲多出于己见。无论字句解释或章节串讲，均力求合乎文本原义，实际做到什么程度那又是另一回事。篇章之划分，在《论语注疏》中即已固定下来，后世注本有极小差异，本讲悉依古本。

评论则完全是从现代观点出发，既有古今比较，也有中西比较，并且免不了借题发挥。这方面倒是受了南怀瑾启发，不过我的见解自以为比他高明。他只说"好极了"，我还要说"坏透了"。不是说孔子本人坏，他在他那个时代一点也不坏；而是说他的有些观点在我们今天看起来坏，非常坏。指出孔子的坏，正是为了继承这位文化伟人，使其学说在今天继续发挥作用。

讲与评，有时很难分；讲中有评，评中有讲。

开这门课的目的、方法都讲了，也简单介绍了《论语》是部什么书。

再谈谈对同学们的要求。首先要求背，一定要背。《论语》这样的书，要不能背，学了也白学。但不要求全背，比如《乡党》篇就不用背，别的篇章也用不着全背；凡须背的将在每次课结束时指出。再是要求在弄懂文本原义的基础上，经过深入思考加以批判地继承，并且身体力行。君子之学是身心之学，小人之学才是耳口之学。

这门课绝非单纯传授知识，主要是希望有助于你们学会做人，做个堂堂正正的现代中国人。这里边包含几层意思：首先是做人。做人就得有做人的原则，即为人之道，为人之道就是人生哲学，《论语》讲的就是这个。再是要做个中国人，要讲中国人的为人之道。至于堂堂正正，那是形容词，可以做各种解释。我这里主要是强调做人要有自尊心，这正是当前社会生活中普遍缺乏的。没有自尊，为人之道就无从谈起。还要补充一点——"现代"，完全像古人一样不行。对产生于两千五百年前的东西毕竟不能全学，必须做出新的诠释或加以修正、补充，从而形成新的中国人的为人之道。

我这个话还有些言外意，就是"有助于""做个堂堂正正的现代中国人"，不是说学了《论语》以后就能做到，还要学很多别的东西。就拿儒家的著作来说，《论语》很重要，认识孔子首先要读《论语》，但还需要学很多其他的著作。比如《孟子》应该学，孟子在很多方面比孔子有所发展。以至到董仲舒的"天人感应"、魏晋玄学的"言意之辨",一直到程朱的理学,宋明的陆王心学,都是属于儒家这一大的范围。孔子的学术,特别是《论语》里边,主要是讲为人之道。当然这为人之道很概括、很宽,包括"修、齐、治、平",但他讲的都是现实人生,不太讲形而上的东西,所以有人认为中国没有哲学。实际上中国有哲学,儒家也有哲学。《周易》就是哲学,到董仲舒,到理学,到心学……中国的形而上的东西也很多,而且比西方的更丰富、更深刻。这些东西都需要学。还有别的,比如老庄、禅宗。中国文化传统不止是儒家(当然儒家是一个主体,最重要的)。所以说学习《论语》只是一个开始。

还有一点言外意——我强调儒家的文化传统,但是不希望你们成为新儒家。现在新儒家的思想很盛行。新儒家的第一代应该说是在五四时期,正当陈独秀、鲁迅、钱玄同、刘半农、胡适要"打倒孔家店",提倡新文化的时候,就有新儒家的出现。那时候梁漱溟就在北大开孔子课,后来又开佛学课。所以新儒家第一代差不多是在五四时期,代表人物是梁漱溟、熊十力。钱穆也是这个时期,稍晚一点。第一代的特点:他们这几位都是同时研究佛学。梁漱溟最后表示:"我的归宿不是儒,是佛。"他们都是把佛家的东西揉进儒家,所以形而上的东西比较多。钱穆少一些,梁漱溟和熊十力多一些。第二代,以牟宗三、唐君毅、徐复观、张君劢为代表。他们在20世纪50年代曾发表了一个宣言性的东西:《为中国文化敬告世界人士宣言》。主要是要返本——以儒家文化为根本,而又融进了一些西方的东西。五四时期不是提倡"德先生"和"赛先生"吗?他们说"德先生"和"赛先生"儒家思想就有,不过没有被发现,后来由于种种原因没有发展起来而已。这是代表新儒家极盛时期的第二代。现在进入第三代了。第三代好像没有跟他们地位相当的这样一批人，但是人还是不少，海峡两岸都有。对于新儒家的评价是一个很复杂的问题。我不是一概抹杀，但是我不主张简单地返本。学习儒家的文化，还有别的文化（刚才讲了，包括道家、禅宗，都是我们民族文化的重要部分），都要"温故而知新"。"温故"的目的主要是"知新"，要发展出新的东西来。我不主张现在归宗于哪一派、哪一家的学说，总的来说，民族文化应该很好地继承，但重要的是要有新的思想、新的理论。简单说起来，我主张中国要出现新的思想家。这新的思想家首先要全面地继承自己的民族文化，这是一个根本；要借鉴西方，这是第二；第三，更重要的一点，要从自己的时代感受出发。新儒家学派我不同意他们的，主要是他们缺乏这样一点。

PART 1

学而第一

一、人生两件事

子曰:"学而时习之,不亦说乎?有朋自远方来,不亦乐乎?人不知而不愠,不亦君子乎?"

【讲】子,旧注一说为称师,一说为男子之通称;要之是一种尊称,如今天称先生。《论语》中凡称子皆指孔子;称他人则必指实,如有子(有若)、曾子(曾参)。此章为孔子讲话,是教育学生还是自言自语?不清楚,总之是有学生在场,否则就不会流传下来。孔子尝问:"二三子以我为隐乎?"(《述而》)自答道:"吾无隐乎尔!"在学生面前无所隐藏(这问答本身便是一种自我反省,当着学生自我反省),身教与言教一致,对学生的要求也就是对自己的要求;了解这点对了解孔子很重要。

学而时习的时,杨伯峻解为定时,前人又有解为随时的,我看还是从朱熹《集注》解为时时为好。据载,周代教育学生(国子)的功课有礼、乐、射、御、书、数六门,曰六艺;孔子教学生至少有礼、乐(包含诗)、书,或者还有御(驾车)和别的。无论何种功课,学了之后还得习,习即复习、练习,学而不习等于白学。现代汉语将学习连缀为复合词,是很有道理的。不亦说(yuè)乎?说通悦,不也是愉快的事吗?用的反问语气，大概当时一般人也并不以此为乐，而是以升官发财、奢侈淫逸为乐；以今度古，想当然耳。

有朋自远方来，有朋古本一作友朋，即今所谓朋友。不过，绝非酒肉之交，而是以同门同类，即志趣相投为前提，用今天的话说就是要有共同的语言。这样的朋友从老远跑来，想必不是为吃喝玩乐，亦非拉关系走后门，而是为切磋学问，有问题向自己请教。不亦乐乎的乐，与不亦说乎的说，同义；说与乐换用，乃出于修辞的需要。朱熹引程颐曰："说在心，乐主发散在外。"也有道理。要之，此节直承上节：有朋自远方来，正是学而时习之的结果，都是令人高兴的事。

人不知而不愠（yùn），则是相反的假设。不愠，不生气。前边说有朋来即为人所知固然很高兴，这里说人不知即无朋来也不生气；修养到如此境界，即可为君子。君子，有两种解释，这里则是指一种理想人格，无关地位之贵贱；人人皆可为君子，亦皆可为小人。

【评】学而时习之即学而无厌，有朋自远方来即诲人不倦，这两点孔子自己确乎都做到了；人不知而不愠则没有做到，也做不到。他多次说过这类的话："不患人之不己知，患不知人也。"（《学而》）"不患人之不己知，患其不能也。"（《宪问》）"君子病无能焉，不病人之不己知也。"（《卫灵公》）实则人之不己知即不为人所了解，正是他一生最大的忧患和苦恼！不了解这点便不能真正了解孔子。有一次他对子贡说："莫我知也夫！"不就透露出这个消息吗？子贡问为什么，他不答，却说"不怨天，不尤人"，又说"知我者其天乎！"（《宪问》）其实这正是怨天尤人，发牢骚。历来《论语》注家为圣人讳，都不指出此一思想矛盾。殊不知，若果如其说，人不知仍然心安理得，毫无怨言，岂不成了没感情的泥塑木雕？

余尝云：人生两件大事，一是了解世界，再就是要让世界了解自己。其实这也是孔子的思想，本章所说正是这个。学习所以是件乐事，因为可以了解世界；友朋前来切磋问学是件乐事，因为可以让世界了解自己。人不知，则不能无愠！难道孔子说的是违心话？我不是这意思。无愠，乃是一种人格修养，他想做到，但做不到，准确地说是不能完全做到；完全做到就不是人，成了神或曰圣人，孔子是从不以圣人自居的。凡人都需要被了解，"君子疾没世而名不称焉！"（《卫灵公》）名不称，即不被了解，一个有抱负的人到死也不被了解，确实是非常可怕的事。为什么？因为被了解正是人的自我价值实现的前提。人生需求，不外乎名与利，名为精神需求，利为物质需求。精神以物质为基础，但这个基础毋须太多，能吃饱肚皮就行。相对而言，西方人重利（物质），中国人重名（精神）。重利为己（吃喝玩乐），重名为人（有益于天下）。"人生自古谁无死，留取丹心照汗青"，这是文天祥的诗。这是说身后名。我在倒霉的年代也有两句诗："不信孤芳自赏，风流总要人知。"这是指生前名，当然如果生前无闻，死后为人所知也行。总之要为人所知，亦即有益于人。这是中国人的价值观念。

不过，话说回来，人不知而不愠，作为一种人格修养，又是十分重要的。现在有的人，稍稍做出点事就生怕别人不知道，恨不能把一分成绩说成十分；这种人在大学和学术界都多得很。说得客气点，这是一种小家子气，成不了大气候。前边讲人不知不能无愠，乃就整个人生价值观而言，绝非主张自吹自擂。相反我主张实至名归，要紧的是拿出实际成果，出不出名根本不用关心，那是不期其然而自然的事，至少对搞学问的人来说理应如此。孔子所以有苦恼，因为他的最大抱负是搞政治，治国平天下，而他的那套"道之以德，齐之以礼"的主张在当时行不通，周游列国到处碰钉子；如果不是想搞政治，而是一心做学问，大概就不会有那么多苦恼。虽然有苦恼，他也从不自我吹嘘，相反总愿意把自己估计得低一些。这方面孔子值得学习的地方多着哩！

二、儒家仁道之根本

有子曰："其为人也孝弟，而好犯上者，鲜矣；不好犯上而好作乱者，未之有也。君子务本，本立而道生。孝弟也者，其为仁之本与！"

【讲】有子，姓有，名若，孔子弟子，比孔子小三十三岁。孔子弟子很多，大体上可分为两批：一批是曾跟随他周游列国的，一批是他晚年回到鲁国退而讲学时招收的。有若属于后一批。这段话虽是有若讲的，其所表达的无疑是孔子的思想。

关键词是孝弟（tì）与仁。弟，通悌，弟弟敬重兄长。鲜（xiǎn），少。本立而道生：本即孝弟，道即仁。本章要为说明孝弟为仁之根本，治国须从齐家做起。

先说仁，这是孔子学说一以贯之的核心。何谓仁？对此孔子尝由不同角度做出过多种解释,而其中最浅显也最重要的解释便是"爱人"(《颜渊》),孔子之道就是仁道,亦即爱人之道。可是,这种爱并非完全平等,而是有尊卑之分。仁之根本为孝弟,就是说爱人须从爱自己的父母兄长开始;而孝与弟,均为以卑事尊,即以服从、顺从为前提,并非平等之爱,与近代由西方传来的民主观念大异其趣。关于孝,孔子也曾有多种解释,其中最简要的解释便是"无违"(《为政》);然则,倘若父母有过失呢?孔子思考过这问题,回答是"几谏",小心翼翼地提意见,"见志不从,又敬不违,劳而不怨"(《里仁》),仍然归结于无违,错了也得服从。汉末仲长统释孝,举出许多例子,说是如果父母有错就可以违背,认为"不可违而违,非孝也;可违而不违,亦非孝也"(《群书治要》载《昌言》下)。这种解释自然更合理些,但这是仲长统的意见,不是孔子的意见。弟,也是要求敬而无违,只不过绝对服从之意不是那么严重罢了。一个人在家中能服从父兄,到社会上做事也就能服从国君和上级,犯上作乱的事自然也就不会发生了。所以说,"出则事公卿,入则事父兄"(《子罕》),事公卿正是事父兄的延续与扩充。须知在宗族家长制的社会里,敬爱父兄乃是一种天然的感情;孔子却将其扩大,用以规范君臣、上下的关系,企望由此建立起合乎"仁"的理想的社会秩序。

【评】孔子企望建立的社会秩序,有两点值得注意:一、它是建立在感情而非暴力的基础之上;二、它不是人人平等,而是有上下、尊卑之分。由于前一点,孔子的理想从未被实现过,它始终是一种空想;由于后一点,它又不断地被后世专制统治者利用。始终未被实现,只是被利用,这是从政治上看。

若从文化上看,则孔子的理想早已深入人心,早已成为我们传统文化的重要内涵。

对孔子这一理想,今天应当如何看?我想谈谈自己的观点。

仁者爱人,西方基督教文化也讲爱人,而且彼此主张的爱人方法亦不谋而合;关于这点放到后边去讲。区别在于,中国儒家的仁道乃是以孝道为基础(孝弟以孝为主,弟为辅),西方文化则缺乏这个基础。前边说过孝道与宗族家长制有关,其实西方社会发展也经过这个阶段,但并未形成一种以孝道为基础的文化。那么这种文化好不好呢?先要看到,孝是一种爱,子女对父母的爱;爱护子女是连动物也有的本能,唯独人类有子女对父母的反哺即爱。再要看到,这种爱是以敬而无违即服从为前提,此乃孝道成其为一种文化的关键所在。西方也有子女对父母的爱,但彼此处于平等地位,儿子对老子可以直呼其名,都叫"亲爱的",儿子爱老子与老子爱儿子分不清。在中国则分得很清楚:父母爱儿女曰慈,儿女爱父母曰孝;绝不能颠倒过来,变成父母孝顺儿女,儿女慈爱父母;慈与孝都是爱,内涵却有很大不同,要言之是有尊卑、长幼之分。究竟是西方的平等之爱好,还是中国的有长幼之分的爱好?每个人都有做出判断的权利,在我看来自然是中国的好!西方的那一套,父不父,子不子,感情上绝对接受不了。我对儿子从不讲平等,说话就是下命令,从不说"请",也从不道"谢"。有次老大来信中说"爸托我办的事"如何如何,我去信便纠正道,我叫你办事不是"托"而是"嘱";这种咬文嚼字很有必要,否则父子关系就成了朋友关系。这个孩子,从小到大我只打过他两次,一次是因为顶撞他母亲,一次是因为顶撞我;是可忍孰不可忍，非打不可。当然，我并不同意"天下无不是的父母"，不是的父母有的是！凡属这种情况，我就同意以上所说仲长统的意见。我要儿子服从的都是正确的事。可是，另一方面，我又坚决反对利用孝道为集权专制政体张目。慈与孝，都是由血缘和长期共同生活所形成的感情关系；孔子把君主与臣民之间的关系也视同于这种关系，在他是出于好心但不可能实行，那些口口声声"爱民如子"的统治者对百姓往往是残酷苛刻寡恩。不言而喻，站在百姓的立场，亦不应将统治者视同父母来孝敬。旧时家庭都供有一个逢年过节全家跪拜的神主牌，上面写着"天地君亲师"。窃谓拜天拜地拜亲拜师都可以，唯独不能拜君。说到此为止。

三、巧言令色好不好？

子曰："巧言令色，鲜矣仁！"

【讲】巧与令，均美好之义；巧言令色，言语既美，容貌（表情）亦美，岂不很好？用为贬义，始见于《尚书·皋陶谟》："巧言令色孔壬。"孔，甚；壬，奸佞。奸佞，阿谀奉承而心怀欺诈。所以孔子说这种人"鲜矣仁"，即仁鲜矣；主谓颠倒是为加强语气，孔子说这话很带感情，一定是有所针对而发。

【评】我想先提个问题：你们认为擅于辞令、和颜悦色的人好呢，还是沉默寡言、面带凶相的人好呢？比如走进一个商店，我想谁都愿意遇见前一种售货员，不愿遇见后一种售货员。但是，从古至今，中国人都最瞧不起巧言令色之人，用朱熹的话来说，他们是"务以悦人"；其实，使人高兴又有什么不好？就拿商店售货员来说，取悦于人总比使人生气的好！大概孔子和朱熹都没有遇见过凶神恶煞似的售货员，他们没有这种体会。杨伯峻将巧言令色译成"花言巧语，伪善的面貌"，这是把言外意说为言内意，亦无不可。暑假在大连避开发区，每进一个商店，都是满耳"花言巧语"，满目"伪善的面貌"，可我心里觉得挺舒坦。明明知道她们无非想多赚你几个钱，诚心诚意地想多赚你几个钱，才表现出那样的热情，可我认为她们一点也不坏，比那些冷若冰霜的售货员好多了。须知多赚钱正是商人的品格和商业发展的动力，而要多赚钱就必须巧言令色。

中国人素不喜巧言令色，与历来歧视商人有关。从《论语》中看，孔门弟子中最聪明的是子贡，可孔子并不怎么喜欢他，原因一是他会做买卖，一是他太会讲话；子贡之擅辞令与经商看来是有关系的。实际上子贡这个商人并不坏，孔子死后守庐，别的弟子守三年，他守了六年；后来听见"子贡贤于仲尼"的议论，他立即痛加驳斥，可见其对孔子的崇拜出自衷心。但孔子生前对这个学生似乎总有些不放心，不是训斥便是挖苦，大概就因为在孔子看来他有点巧言令色的缘故。

巧言令色是好是坏，要分职业，分场合，看动机。比如做买卖、搞公关，巧言令色正是职业的需要，对社会也有利；只要你买她东西，她就对你微笑，把你视为上帝。花点钱就能当上帝，何乐而不为？当官的如果巧言令色，那就非常可怕！那说明他没有真本事，只好投靠权贵，逢迎拍马往上爬，这种人一旦掌权必然祸国殃民；这种奸佞小人古时有，现在也有。

四、严于律己

曾子曰："吾日三省吾身：为人谋而不忠乎？与朋友交而不信乎？传不习乎？"

【讲】曾子，孔子后期弟子，姓曾，名参，字子舆，小孔子四十六岁。以孝闻名，据载，《孝经》及《礼记·大学》都是他写的；又据说孔子死后是他把学问传给孔子之孙子思，子思再传给孟子，后称思孟学派；还有学者认为《论语》也是由他的学生编订。总之他既是孔门弟子中较年轻的一个，也是孔子死后做学问最有成就的一个。

三省（xǐng），有二解：一为多次反省（三言其多）；一为反省下面所说三件事，均可通，我看还是解为反省三件事更合理。三件事：给人出主意是否忠实？和朋友交往是否守信用？老师传授的学问是否温习？传（chuán）亦有二解：一指老师的传授；一指自己准备对弟子的传授，都讲得通，都需要温习。

三件事，两件有关与人交往，一件有关自己。与人交贯穿孔子"躬自厚而薄责于人"（《卫灵公》）之教；关于自己则反省是否做到了"学而时习之",亦孔子之教。孔子一向十分重视学习,目的则是有益于天下,为己亦是为人。无论为人为己,都严于律己,这也是他一以贯之的作风。

【评】本章所谓"人"非泛指,而是指统治者,或至少是士大夫以上的人,所以才需要有人为他出谋划策。"忠"有以下事上之义,"信"则是就朋友间交往而言。在家讲孝弟,在外讲忠信,忠信正是孝弟的扩大,所以昔时将"孝弟忠信"连缀,视为崇高美德。这种美德现在也可以讲,只是"忠"的含义要改一改,不能忠君,也不能忠于当官的,只能忠于国家和人民,忠于事业。

三省,简单讲就是每天都要想一想是否对得住人和己。前边说过为己也是为人,其实为人也是为己。关键在于价值观念如何。余尝云:人的价值是在别人眼里实现的;也就是说,只有做出奉献,得到社会承认,生命才有价值。具有这种价值观,则付出的愈多,获得的愈多;为人与为己原是一回事。

五、当官须知

子曰:"道千乘之国,敬事而信,节用而爱人,使民以时。"

【讲】道:同"导",治理。千乘(shèng)之国:诸侯之国打仗时可出兵车千乘者；每乘甲士三人，步卒七十二人。这在春秋前期算大国，到了孔子时代已属中等国。以兵力言国之大小，是战事频仍的缘故。旧注云千乘之国方百里，对方百里之解释又各说不一，兹不详究，总之比现在一个省还小。敬事：兢兢业业地做事。信：取信于民，说话算数。节用：节省开支。爱人：爱护各级官吏。使民以时：毋夺农时；使百姓服役，要在他们农闲的时候。

【评】本章所言治道，是对诸侯国国君及其卿相讲的，但也很值得今天的官员参考。就拿节用来说，这就非常重要，可能每年全国光是公款吃喝的钱就远远超过全国教育经费开支，更甭说各级官吏之中的中饱私囊和骄奢淫逸者了！再者官僚机构膨胀，上下重叠、层层重叠，这也是极大的浪费。现在又提出廉政建设和精简机构，固然很好，但不知何时能解决。真要解决就必须让老百姓有监督权和发言权。说到此为止。凡我说"到此为止"，就是不能再往下说。再往下说便要"犯上作乱"，小人实不敢。不是不想，是不敢。彻底的唯物主义者是有所畏惧的。过去畏惧很多，现在少了，但仍然有。"无私便无畏"，这话也对，但人皆有私，无私便无"无私"。当然，人皆有私，却能做到彻底无私无畏，如"杀身成仁""舍身取义"之类，这在中国也大有人在，鲁迅称之为"中国的脊梁"。我多半成不了这样的脊梁，再说现在也没有这种必要。

六、道德与文章

子曰:"弟子入则孝,出则弟,谨而信,泛爱众,而亲仁。行有余力,则以学文。"

【讲】弟(dì)子,释为学生或未成年人,均可。孝与弟(tì),前边已讲过,只是此处之"弟"不是在家顺从兄长,而是在外顺从比自己年长的人。谨而信:言行须谨慎而可靠;信,实也,不可浮夸。泛爱众,即博爱之意。亲仁,亲近有仁德之人。行,为也,指前边所说的道德修养。孔子主张年轻人修养应以德行为主,有了余力再去学文。文,旧注说为六艺,今则不妨解为文化、业务。

【评】这段话有两点值得注意。一是"泛爱众",既表明孔子的博大胸怀,亦是儒家仁学之根本与精华所在。儒家讲博爱,但不讲平等。爱有上对下与下对上之分,你要像爱儿子那样去爱君就不行,那就叫失礼。仁须由礼来加以规范,礼就是礼仪,其要旨便是分上下。我主张在家分上下,出外讲平等。出外总的说来是讲平等,但对于师辈和长者也应毕恭毕敬;我自己是这样做的,也要求我的学生和晚辈这样做。但我坚决反对在当官的面前毕恭毕敬,如果他是位长者又有贤德也可以表示尊敬,还有个前提就是对方不能摆架子。否则别指望我尊敬。我去年到河南一个地方开杜甫研讨会,遇上个市长书记之类,年龄不过三四十岁,官气十足,后来听说是个"衙内"。什么叫"衙内",懂吗?就是说他爸是当大官的,这种人现在官场和商界都有。照相的时候,工作人员把我引到前边,正好遇这个"衙内",于是我毫不谦让地在靠中间的位置坐下,他就只好坐在我旁边,似乎很委屈;其实他坐在我旁边我也觉得不舒服,在我看来他应该站着,而且站在后排。这时我就体验到陶渊明"不愿为五斗米向乡里小儿折腰"的心情。所幸我在学界不在官场。现在学界也有权力崇拜,总比官场好一些。要之,对于社会生活中分上下,我赞成敬老尊贤,反对权力崇拜。

再一点就是何晏所说"德"为本,学为末;这一观点对后世影响深远。这一点,很明显,现在谁也不赞成,其实过去也没人真的那样做,除非傻瓜。所谓德,笼统讲就是人生价值观,具体讲就是为人处世原则,前边所说孝、弟、忠、信便都是。一个人具有什么样的价值观和处世原则,主要决定于家长、老师以及周围环境影响,读书人还要受书本影响;当然自觉的修养也很重要,但绝不能先修养好了才去做学问。道德修养是一辈子的事,做学问也是一辈子的事。不能"行有余力"才去学,倒是应该把主要精力放在学问上,学的本身也是提高道德修养的重要途径。

不过,上述重德的观点,在历史上也有积极影响。中国人评价人物,总是把道德与文章、人品与文品两方面联系起来看,并且总是把德即人品放在首要地位。明末清初钱谦益学问很大,写了许多书,也编了许多书,就因为当了"贰臣",连乾隆皇帝都看他不起；再如周作人，是"五四"以来散文大家，学问也渊博，但他当过汉奸，文学史上就没有他的位置。近年对钱谦益、周作人这样的作家也有人研究，那又是根据"不以人废言"的原则，放到后面去说。以某观之，人品与文品应该是一致的，文品正是人品的反映，至少对大家来说情况如此。钱、周那样的例外在历史上极少，也算不了大家。须知作家、学问家都有大小之分，这除了天赋与专业素养，主要就决定于思想境界即人生价值观，也就是德。拿中国作家来说，屈原、李白、杜甫、苏轼、辛弃疾以至鲁迅，都不但有才华也有很高的德行，他们绝不会当贰臣当汉奸。在任何情况下都不能背叛自己的国家和民族，此为大节。过去所谓"文人无行"，则往往指小节，小节方面我倒是主张宽容一些。最近看见份材料，说是爱因斯坦喜欢追女人，换了老婆之后又去追别的。这在中国道学家看来便是"无行"，无行便是缺德。可是我读了之后毫未降低我对其人的崇敬。爱因斯坦不但是一位划时代的大科学家，而且关心世界和人类的命运，在希特勒发动第二次世界大战期间表现得尤其明显。这才是大节，说明他道德修养很高。自然，有时从小节也能看出大节。仍以男女之事为例：如果出于感情相投并且是彼此倾心则无可厚非；如果是利用权势金钱去玩弄女人，那就叫缺德。比如李商隐和白居易都喜女人，前者出于真正的爱，后者则为玩弄。白居易小节既差，大节亦很成问题，其所奉行的"中隐"哲学虚伪透顶，腐败透顶，对后世文人影响极坏。但他的确又是个很有才华的大作家，在中国有才缺德的大作家他大概是独一位。我对白居易的人品褒贬，乃针对其后期（以被贬江州之后划界）而言，其前期无可指责；而他的好作品包括新乐府、《长恨歌》、《琵琶行》

等都集中在前期，后期作品虽多却乏善可述。可见白居易的人品、文品也是一致的。

道德文章一致，乃古今之通义。但对儒家主张的德，除了做出新的诠释外，还要站在更高的角度去认识。比如，我发现，孔子主张的德与礼，都是叫人守规矩；而历史上凡有成就者都不那么守规矩，太守规矩就做不出成就。所以前些年我提出中国优秀作家都是"方"的不是"圆"的。方，就是狂狷，狂与狷都不那么守规矩，有成就的正是这种人；圆，就是中和、中庸，这种人纵有所为也成不了大气候。关于这点，后面还有机会详细讲。这里要说一个新认识：孔子总是教人如何"圆"，守规矩；而他自己却是"方"的，并不那么守规矩。关于这点，需要深入细心地去体会。

七、道德第一的偏颇与如何看待女性

子夏曰："贤贤易色；事父母能竭其力；事君能致其身；与朋友交，言而有信。虽曰未学，吾必谓之学矣。"

【讲】子夏：姓卜，名商，字子夏，小孔子四十四岁。他一共讲了四件事，说是只要做到这四件事，即便没有学习过，我也认为他已经有学问了。哪四件事？事父母能尽力、事君主能献身、交朋友能守信——都很明白，古今注解向无歧义。"贤贤易色"则有三种解释。贤贤谓重视有贤德之人,易谓代替,这也没有分歧。分歧出在对"色"的解释:一解为女人,一解为女人中之貌美者,一解为容色、态度;一字之差,整句意思也就变了。我同意第一解,整句意思是:好贤胜过好女人,用好贤之心代替好色之心。何晏与朱熹的解释均如此,今人钱穆亦用此解。杨伯峻采第二解,谓选老婆但重品德不重容貌;南怀瑾则采第三解,谓见了贤人便肃然起敬。都讲得通,但还是第一解更合理。孔子曾不止一次感叹道:"吾未见好德如好色者也!"(《子罕》《卫灵公》)所以子夏才呼吁人们"贤贤易色"。色,都是指女人,自然是貌美的女人,此不言而喻。

【评】孔子曰道德修养"行有余力"才去学,子夏则说道德修养本身就是学;重德轻学,他比他老师更进一步。果如其说,大家都去修养道德,田也没人种了,工也没人做了,更甭说著书立说,那社会将变成什么样?须知任何事都需要学,包括种田做工。不学则无术,没有任何本事,贤贤、事父、事君、交朋友也就都没了基础。当然,实际上孔子很重视学习,但为强调道德第一才说了些过头话,他学生子夏比他走得更远。强调道德过了头,就会变成对人的愚弄,从古到今皆如此;这恐怕是孔夫子始料未及的。以某观之,真正的道德,不能建立在无知的基础上,而必须建立在高度文化修养的基础之上。文化修养愈高,道德修养愈高;就个人或就整个社会而言,皆如此。

贤贤易色,为何尊重贤者就得轻视女人?这在我们不可理解,在当时却自有其历史根据,比如殷纣王、周幽王,都是因为好女色近奸佞而远贤人，荒废朝政以致亡国。大概孔子周游列国也遇到过这样的统治者，他在鲁国做官辞职，便是这个缘故。（《微子》："齐人归女乐，季桓子受之，三日不朝，孔子行。"）这样的统治者，后世历代都有，人们总是把责任推到女人身上。所谓"倾国倾城"，既极言女人之美，又是把女人当祸水。《诗经》中就有"哲夫成城，哲妇倾城"之说，见《大雅·瞻卬》。女性在儒家传统文化中是讨不出公道的。

西方也有骄奢淫逸以至亡国的君主，但他们并不把责任推到女人身上，在这方面，西方文化比中国儒家文化强。当然，在男权社会中，妇女都处于不利地位，但至少在观念上西方妇女的地位要高得多。"Lady first"（女士优先）这种观念在西方不是近代才有，从中世纪骑士文学中即可看出。比如男女一起上车或是入席，男的总让女的在先；讲话伊始，"Ladies and gentlemen"（女士们，先生们），也是女的在前。你要说这只是虚伪的礼仪，我不想争辩；但要知道在儒家礼仪中女的永远在后，甚至根本没有她们的地位。相对而言，孰优孰劣？

《论语》中正面谈到女人只有一处："唯女子与小人为难养也！"（《阳货》）虽然难养，又不能没有。"饮食男女，人之大欲存焉。"据说这也是孔子讲的，见于《礼记·礼运》。此所谓大欲，不是动物也有吗？人的男女之情绝非仅是一种生理本能，还包括探求不尽的精神因素、道德因素，可以说是一门深奥的学问。孔子不懂这门学问，他的男女观非常粗鄙。后世儒家更不像话，以致给妇女规定了"三从四德"。谁说儒家文化里边没有坏东西？对妇女的歧视就是它最坏的东西。

"吾无隐乎尔"，在男女观上我是既受儒家影响，又受西方影响，不中不西。

在人格上和法律上当然应该男女平等；事实上的平等则永远无法做到，也没有这个必要。男刚女柔，怎能改变？

我崇拜女性。当然不是见了女人就崇拜。

八、自尊与谦逊

子曰："君子不重则不威，学则不固。主忠信。无友不如己者。过则勿惮改。"

【讲】重，在乎内；威，发乎外。内在厚重，外表就显得威严，那是一种自然流露；如果内在单薄又要装出威严的样子，那就叫摆架子。关键在内在厚重，这可以指人品，也可以指学问；在孔子那里，人品与学问往往是一回事，有时分开来说，有时合起来说，此处是合起来说。学则不固：有二解，一将固说为蔽，意谓做学问不可为已有成见所蔽，而应博览兼听；一将固说为坚固，承上句，言如内在轻薄，则所学亦不坚固。二说均可通，且用后说。主忠信：以忠信为主；此对事而言，非对人而言。无论做什么事，都要尽心尽力，实实在在。无友不如己者，此句古今注都是从字面上解释，说是不与不如自己的人交朋友，大谬！比如说你的道德比我高、学问比我大，我自然愿意和你交朋友；可是从你的立场说，既然我的道德学问都不如你，你就不该和我交朋友。这样一来，恐怕谁也交不上朋友！这显然不是孔子的意思。岂不闻"三人行，必有我师焉！择其善者而从之，其不善者而改之"（《述而》）？不善者且可为师（反面教师），不如己者就不可为友吗？孔子绝非如此狭隘。这句话，"友"当作名词，没有朋友不如自己，就是说无论什么朋友都有己所不及的长处，都值得自己学习：这主要表明一种谦逊的心理和态度，与前边所说"不重则不威"是相反相成的。末句：有了过失就要改正，别怕丢面子。

【评】本章言修身，精彩在一个"重"字，做人做学问都要做得有分量！忠与信也是"重"的表现。后两句则从相反方面立论，真要做到亦不易。

九、重丧祭是为了活人

曾子曰："慎终追远，民德归厚矣。"

【讲】慎终：慎重对待父母之死，指丧葬之礼。追远：追念祖先，指祭祀之礼。既然重视丧祭之礼，则天下百姓之德也就归于敦厚了。须知儒家所谓德，即仁德，而孝为仁之本；既然对死去的父母和祖先都要尽孝（丧祭），对活着的自然更会尽孝道讲仁德了。可见儒家之重丧葬与祭祀，不是为死人而是为了活人。至于有没有鬼神，那无关紧要；孔子就不相信，这放到后面去说。

【评】儒家所倡丧祭之礼实在太繁太重，此亦不可不知。比如父母死了，须在坟旁搭个棚子，守孝三年，什么事也不做；宰予说三年太久，一年也就行了，孔子就骂他"不仁"。其实一年也无必要。

但慎终追远还是有必要。今天的追悼会啦，逝世多少年纪念会啦，便是古时丧祭之礼的延续。不但中国有，外国也有。这对死者毫无意义，对活人却很有必要。试想：如果父母死时无动于衷，对自己祖先亦一无所知，这还叫什么人？

十、儒家人格理想

子禽问于子贡曰："夫子至于是邦也，必闻其政，求之与，抑与之与？"子贡曰："夫子温、良、恭、俭、让以得之。夫子之求之也，其诸异乎人之求之与？"

【讲】子禽：姓陈（或曰姓原），名亢，字子禽，孔子弟子；因《史记·仲尼弟子列传》不载，或疑其并非孔门弟子。子贡：姓端木，名赐，字子贡，孔子弟子，小孔子三十一岁，在《论语》中他和子路是出现次数最多的弟子之一。夫子：弟子对孔子的敬称。邦：指当时诸侯国。温良恭俭让：邢昺疏曰："敦柔润泽谓之温，行不犯物谓之良，和从不逆谓之恭，去奢从约谓之俭，先人后己谓之让。"其诸的诸，语气词，表示不肯定。

子禽问子贡：咱们老师每到一个国家都能过问该国的政事，这个权利是他求来的还是人家自愿给他的？实际上，自然是求来的，周游列国谁也没有请他去。子贡很乖巧，他既要维护老师的尊严，又要说出事实真相，于是答道：老师是用他温良恭俭让的美德得到的；老师的求，和别人的求总不一样吧？

【评】子贡所标举的温良恭俭让，意思和《礼记》上所载"温柔敦厚"的"诗教"差不多，都是说为人处世，从思想感情到仪态言语，均应有节制：这自然合乎儒家的"中庸"理想。可是，我想着重指出的是，"诗教"即《诗》教，实际上《诗经》并非都是温柔敦厚，其中也有许多感情激烈的作品；同样，孔子也并非总是那么温良恭俭让，他也有情不自已说些过头话，或发脾气或骂人或赌咒或呼天的时候。

现在有人把"中庸"品格捧上了天，将其说为中国文化的基本特点。果真如此，则中国无文化可言！此话怎讲？中庸即中和，关键是和，和即同；若没有异，哪来的同？先秦诸子就彼此面目各异，否则也就没有"百家争鸣"这个同。纵观中国文化史，从孔夫子到鲁迅，所有大家无不是棱角分明，具有鲜明的个性，否则就成不了家；要没有许许多多面目各异的家，也就没有中国文化这个同。

话说回来："和"确实是中国文化，尤其是儒家文化的理想，并且是个伟大的理想。既是人格理想，又是社会理想。请注意：是理想，不是现实。理想是"和"，现实是"异"。当前许多研究中国哲学和美学的人，就是划不清这个界线，误把理想当现实。人以和为贵，社会要大同；这不但从未实现过，将来亦未必能实现。从未实现甚至是无法实现的东西，亦自有其价值。所谓"虽不能至，心向往之"，人活着不能没有向往，共同的向往就能形成社会文化的强大凝聚力。此亦不可不知。

但社会文化发展的动力仍然是"异"而非"和"。

十一、孝之一解

子曰："父在，观其志；父没，观其行；三年无改于父之道，可谓孝矣。"

【讲】"其"谓子，非谓父。"行"读去声。何晏引孔安国《训解》曰："父在，子不得自专，故观其志而已；父没，乃观其行。"古今各家注都是这样解释。问题是"志"与"行"指哪方面？联系下文来看，应指孝道；而孝道为仁道之本，故由此即可看出其人之人品。关于下边所说三年无改于父道，旧注中就有人提出问题：如其非道，何待三年？今人南怀瑾提得更具体：如果父亲是窃盗，难道在他死后儿子为了尽孝还得去当三年小偷吗？他认为前人解释错了，但究竟如何解释他并未回答。杨伯峻则将父道译为"父亲的合理部分"，此想当然，并且不通。钱穆则曰："本章就父子言，则其道其事，皆家事也。"这就对了。然则无改父之道，即毋改父亲身前治家立下的规矩。于是再看朱熹注："三年无改者，孝子之心有所不忍故也。"孝道原是基于感情。

【评】前边说过，我同意孝道，但必须用现代人的眼光重新加以认识。孝道作为中国文化的基础应该保持，孔夫子的许多具体主张则不必遵守，也不可能遵守。本章云云，那是以大家庭为前提，现在则时兴小家庭。比如我儿子，早已独立成家，和我是隔"球"相望，现在生活方式就不相同，别说我死后了。但是，他们从小耳濡目染的我的生活方式，一定会对他们有很大影响。首先我是按中国人的方式生活，这点他们肯定能做到，否则就是不孝；再如我教孩子最重品德，我相信他们也会这样教育自己的孩子，否则也是不孝。但又不能要求儿子处处学老子。比如我抽烟就不让儿子学，严厉禁止；结果他们还是抽上了，那是社会影响，不是我的意愿。凡人都有好的坏的两方面，应让子女学自己好的方面，别学坏的方面。好的坏的都学，结果必然是一代不如一代；学好弃坏，方能一代胜于一代。如此看来，杨伯峻所谓"合理部分"是对的，但那并非孔子原意。

十二、儒家社会理想

有子曰："礼之用，和为贵。先王之道斯为美，小大由之。有所不行，知和而和，不以礼节之，亦不可行也。"

【讲】本章讲解，古今众说纷纭。某有个方便说法，曰：

礼辨异，和即同，辨异是为求同；但也不可为求同而不辨异。"礼辨异"是《礼记·乐记》上的原话。"和即同"则是根据上边那句"乐统同"，郑玄注云："同，和、合也。"和与同同义。是故皇侃《论语义疏》于此章以乐解和，曰："变乐言和，见乐功也。"再看《乐记》这两句就更明白："乐也者，情之不可变者也；礼也者，理之不可易者也。"礼也理，乐也情；儒家主张礼乐治国，就是兼顾到理与情，即既要用礼分别出伦理之差异，又要用乐来求得感情之和谐。礼，即礼仪、礼节，婚、丧、嫁、娶、祭祀、宴饮等等都要讲礼，君臣、父子、夫妇、兄弟、朋友之间也要讲礼；礼辨异，即要分出尊卑、长幼、亲疏，八佾舞于大夫之庭叫越礼，你要用对儿子的态度去见君主那更是悖礼。可是讲礼不能是冷冰冰，而必须发自衷心，就像《乡党》所写孔子上朝那样，兢兢业业而又充满感情；乐正是为了发动人的感情。总之，既要分等级又要达到彼此感情融洽，这便是儒家的社会理想。

先王之道斯为美：因为孔子说过"吾从周"（《八佾》），这里有若所谓先王当指周文王。道，这里指礼制。斯，指代"和"。小大：指礼而言。由之：从之。

【评】儒家这种社会理想，就是要把尊卑、上下之分建立在感情即爱的基础之上，这只能是一种空想。虽然，它对后世政治和文化仍然发生了巨大影响。你们看故宫太和殿，那是最雄伟的一座建筑；"太和"即最高的"和"，这就体现了儒家"和为贵"的思想。历代统治者无不是说自己爱民如子，而他们的统治实际上都是建立在强权和刑政的基础之上，愈是巩固的政权对人民的统治愈严酷，清康熙、乾隆两朝便是典型的例证。沈德潜晚年得宠,对乾隆帝感激涕零,称之为慈父母;殊不知这位"慈父母"一旦发现他的行为于自己不利,即便在他身后也对他实施了最严厉的惩处。儒家的理想从未被实行过,只是被利用,此其一。再要看到的是,被利用也有两重性,一方面起到粉饰专制统治的作用,另一方面,既被利用,它对利用者或多或少总有所制约。历代帝王并非"天下乌鸦一般黑",明主总比暴君、昏君强;而所谓明主,不管他主观意图如何,其所实行的政策总是在某种程度体现了儒家的理想。

上述儒家社会理想,在政治上是以维护集权等级制为前提,因而今天看来已毫无意义。但在文化上仍然有意义。先说要讲"礼",礼以辨异,在家庭中就是要分长幼;"老吾老以及人之老"(孟子语),扩大到社会就要尊敬长者。到外边开会,几个年轻人先到,他们见我进去就应该站起来;如果不站起来,坐着打招呼,那就是失礼,我心里就不舒服。我在自己老师和前辈面前,总是毕恭毕敬,行礼要到九十度。但我反对以社会地位分尊卑,因此从不在当官的面前讲礼。讲礼也可以,你敬我,我敬你,那是"礼尚往来"的平等之礼;还得看对方人品如何。有次教师节到某处出席座谈会,请柬上明明写的两点开会,可是一直等到三点整,才发现几个大人物走进来,都是领导,于是全场起立,热烈鼓掌。我就是不站起来,也不鼓掌。这绝非想出风头,而是要维护自己做人的尊严。心想你们不是"人民公仆"吗?为何反仆为主,架子十足,让我们足足等候了一个钟头?孔夫子要遇上这种场面一定会站起来,但我不能。因为我是个现代人,主张社会平等。

再说礼以和为贵,这一点同样重要。比如说,英国人也很讲礼,但那种礼是冷冰冰的,"Keep your distance",讲礼是为了和你保持距离；与之相反，中国人讲礼是为了和，即要达到感情的融洽。英国人我没怎么接触过，主要是从书本上了解的。但近年接触过不少香港人，总是彬彬有礼，同时又使人感到冷漠，想必是长期受英国文化影响的缘故。一到台湾就感到人们既讲礼又有人情味，我想是儒家文化保存得较好的缘故。不是说英国文化不好，但我更喜欢自己民族的文化，从孔夫子开始，我们就是个重感情的民族。反过来说，感情的融洽还须以礼节之。比如父子、师生、长幼之间，感情好得不得了，以至彼此拍肩膀称兄道弟，那就不成体统，不合乎礼。当然，在中国也有"忘年之交"，彼此年龄相悬却能成为平等的朋友；但那是以幼者的道德文章达到以至超过长者为条件，如果你既不如长者又要和他称兄道弟，则分明是可笑的，还不如以晚辈自居的好。再有，师生关系犹如父子，彼此绝不能结为"忘年之交"。无论你们将来学问有多大，见了我也要执弟子之礼，懂吗？

十三、与人交要讲原则

有子曰："信近于义，言可复也。恭近于礼，远耻辱也。因不失其亲，亦可宗也。"

【讲】有若讲了人际关系中经常会遇到的三件事以及相应的三个前提。一是与人交守信用，前提为"近于义"即合乎义,说话方可算数;二是对人恭敬须合乎礼,才能避免耻辱;三是依靠人须"不失其亲",虽不必父母,亦如父母一样可亲,这样的人"亦可宗也"。宗,主也,亦可以之为主,即前边所说依靠("因")之意。然则,比如说,若信有悖于义,就可以说话不算数(言不复)吗?朱熹考虑到这点,注中有云:"此言人之言行交际,皆当谨之于始。"信、恭、因都是十分严肃的事,实行之前就得考虑其是否合乎义、礼、亲。

【评】信与义、恭与礼、因与亲,都是讲的行为与原则的关系。原则不能不讲,但可以对它做出不同的解释,毕竟我们的时代与孔子、有若已相去很远,与昔时注家相去亦远。比如邢昺在谈到信与义时,举出《史记》所载故事:一个叫尾生的男子与一女子相约在桥下幽会,女的没来,河水来了,于是那男子抱柱而死。这故事很有名,唐诗中用为典故,曰"抱柱信"。邢昺评道:"是虽守信,而非义也。"这符合孔子和有若的思想,但我不赞成。在我看来那男子有点傻,女的不来必有其不能来的原因,另外再和她约会不就完了,何必自杀?但并非"非义"。这就是因为对"义"的理解不同。再如上章所举,开会大官到场,在孔门师徒看来当然要站起来表示恭敬;但我就是站不起来,觉得站起来就"近于耻辱"。这就因为彼此对"礼"理解不同。至于"不失其亲",多半是指贤明的统治者,有若说可"因"可"宗",即可以投靠;我则根本反对投靠。这也是因为时代不同,观点也有异。

观点不同,与人交往的原则也就不同。但无论如何做人总得讲原则。现在世风败坏,就因为许多人什么原则也不讲,或者嘴上讲一套，实际上不实行。这种人做人其实也有他的原则，那便是唯利是图，见利忘义。义者，宜也；只要对自己有利就行，管他宜与不宜。这是没有文化的表现，和动物状态差不多。所以说，儒家标榜的原则不必都遵从；但他们主张与人交往要讲原则，对我们来说仍然是重要的。

原则因时代而异，亦因人而异。你若问我的原则是什么？我可以这样回答：我反对权力崇拜，也反对金钱崇拜。但没有崇拜也不行，没有崇拜就没有原则。我崇拜人性之真与善，崇拜美；崇拜人的智慧、毅力与韧性，崇拜"铁肩担道义，妙手著文章"（李大钊语）。凡符合或接近上述品格者，均可信、恭、因（但不是投靠）。信是最普泛的，无论谁，即便是不值得"恭"、不值得"因"的人，与之交往也得守信；当然还得合乎"义"，不能一起干坏事。

十四、物质与精神、言与行、学与问

子曰："君子食无求饱，居无求安，敏于事而慎于言，就有道而正焉，可谓好学也已。"

【讲】"无求饱""无求安"，要为标举不追求物质享受，能够安贫乐道的品格。孔子所以特别喜欢颜渊，一个重要原因就在其"一箪食，一瓢饮，在陋巷；人不堪其忧，回也不改其乐"。感叹道："贤哉回也！"（《雍也》）众弟子中只有颜渊得到过如此高的评价,可见他多么重视安贫乐道的品格。"敏于"句,有重实践轻空谈之意,自然是指为学。"就有"句:"有道"既针对德而言,也是针对学而言。

按孔子的意思,一个好学者须处理好三方面的关系:一为物质与精神,主张轻物质重精神,即安贫乐道;二是行与言,主张笃行慎言;三是学与问,主张既学且问。

【评】孔子所说三点意见我都同意,还可以做些补充和发挥。

一、安贫乐道势所必然,乐道(学问之道)必然安贫,非刻意追求。"食无求饱""居无求安"乃至"废寝忘餐",做学问要不达到这种欲罢不能的境界,就不叫乐道。一旦达到这种境界,对食住以及其他物质享受自然而然就会淡漠。

二、笃行慎言。对许多人来说言也是行,行就是言;教书写文章,既是言,也是行,均应笃而慎。慎,应指严谨,不是束手束脚,相反某些时候胆子应该大一些。某素不信"一言兴邦、一言丧邦",除非当政者的金口玉言,穷教书的讲话哪有那么大的力量?只怕你喊破了嗓子也没人听呢。附带说说,孔子偏爱"无违""如愚"的颜渊,我却更喜欢子贡的性格。

三、孔子时代书很少,学科划分也不严,所以向饱学有道之士请教很重要。现在这点也重要,但似乎向书本请教更重要。

十五、教学相长与精益求精

子贡曰:"贫而无谄,富而无骄,何如?"子曰:"可也。未若贫而乐,富而好礼者也。"子贡曰:"《诗》云'如切如磋,如琢如磨',其斯之谓与?"子曰:"赐也,始可与言《诗》已矣!告诸往而知来者。"

【讲】贫者有求于人故易谄,富者有所自恃故易骄。子贡问孔子:"一个人要能贫而无谄,富而无骄,'何如',怎么样?"似乎很得意,他一定认为这就是美德了。孔子答曰"可",既表示肯定,亦有未足之意。继而曰:"此不如贫而乐,富而好礼者。"贫而乐即安贫乐道,富而好礼则为富亦乐道;此种境界,自然比"无谄""无骄"更进一层。子贡立即领悟到这点,于是引《诗经·卫风·淇奥》上的话来发感想。这两句话,《注疏》谓"治骨曰切,象曰磋,玉曰琢,石曰磨",《集注》则谓"治骨角者既切之而复磋之,治玉石者既琢之而复磨之",均可通,谁也不知诗的作者究竟是如何想的。窃意切、磋、琢、磨应指同一对象,无论骨角或玉石,均须经过这样一个加工过程方可成器。其斯之谓与:"其"代指《诗经》上的话,"斯"代指前边子贡与孔子的问答,主要指孔子的回答。《诗经》上所说,就是刚才先生对我的回答吧?意谓学问之道犹如玉石之加工成器，须精益求精。孔子听了很高兴，乃直呼其名，"始可与言《诗》已矣"，现在可以和你谈《诗》了！为什么？因为他发现子贡学了《诗》已能加以运用，孔子一向重"用"。告诸往而知来者：诸，"之于"之合音；"之"指子贡。往，指孔子前边对他讲的话；来，指他引《诗》所做的发挥。按孔子所谓"贫而乐，富而好礼"仅为做人美德，子贡不仅完全领悟，还因而联想到《诗》上的话，并用以说明学问之道；所以才受到孔子夸奖，这是他难得的夸奖。

【评】这段对话很精彩，细玩之可看出师生二人之神态与心情。要之，孔子的回答子贡固然没想到；子贡的发挥亦孔子始料未及，他也从中受到了启发。"教学相长"（《礼记·学记》），此之谓乎！切磋与琢磨，后世用以言为学之相互商榷与精益求精，亦自此始。子贡实在是个难得的学生。

十六、知己与知人

子曰："不患人之不己知，患不知人也。"

【讲】患，即忧虑。不己知，即不知己；此种词序倒换，古文献中常见。

【评】鲁迅赠瞿秋白有云："人生得一知己足矣。"可见知己之难得。以今度古,大概当时许多人也有这种苦恼;至少孔子有这种苦恼。但他在这里却说,别人不了解自己不要紧,只怕自己不了解别人;如邢昺所说,有"人当责己而不责人"的意思。作为一种品德修养,无可非议。若从人生价值观来看,则知人与为人所知同样重要,知人不易而为人所知尤难,人的自我价值不为人知就无法实现:关于这点在第一章已经谈过。

凡人生追求高的人,活着总有很深的不被了解的孤独感,而实际上他们并不孤独;即如孔子与鲁迅,了解他们的人是非常非常之多的。此亦颇耐寻思。我想,孤独即说明"异",不孤独即说明"同";终于被承认的总是"异"的东西而非"同"的东西。所以重要的是抓紧时间做事,忍受住暂时的寂寞。

PART 2

为政第二

一、美好的空想

子曰："为政以德，譬如北辰居其所，而众星共之。"

【讲】以：用。北辰：北极星。共：音、义同拱，环绕也。古人认为北极星在天的中央，本身又是不动的，所以孔子说，统治者如能用"德"治理国家，就好比北极星自在其位，而臣民们自然会像群星一样环绕在他周围。当然，我们现在知道，北极星即今之小熊座α星，并不在天体中央（天体没有中央，即使有也无法知道在哪里），再说它也是动的；这无关紧要，在这里不过是个比喻。

旧注多以无为而治释本章，钱穆不同意，认为无为是道家的主张。实则儒家也讲无为，如《易·系辞》所说"黄帝、尧、舜垂衣裳而天下治"，这不就是无为而治吗？区别在于，道家主张的无为，是什么也不做，连圣、智、仁、义也不要，也不要学（"绝学无忧"），一切顺其自然就行。而儒家所谓无为，乃针对当时诸侯国对外武力征服、对内实行镇压之强权政治而言；不为强权，却要道之以德，即用仁德来感化臣民，于是"众星共之"，大家都心甘情愿地拥戴其统治了。

【评】在君主专制政体下，不用强权而用道德教化来实行统治，只能是一种空想；即使在民主共和政体下，这也是不可能的事，直到20世纪也没有哪个国家是靠道德教化来实行统治的。虽然无法实现，但不失为一种美好的空想。空想也值得追求，追求的过程便是向上。

二、孔子的重大失误

子曰："《诗》三百，一言以蔽之，曰：'思无邪。'"

【讲】《诗》即《诗经》，现存目三百一十一篇，实有三百零五篇；此曰三百乃举其大数。孔子说，这部诗集可用一句话来加以概括：思无邪。这句话，出于《诗·鲁颂·駉》："以车祛祛。思无邪，思马斯徂（cú）。"原为咏马，思字本为语辞。孔子借以概言全部《诗》，意思就变了，"思"亦用作实辞，即认为这些作品的思想感情皆"无邪"；无邪即得情性之"正"。实则按儒家正邪标准衡量，《诗》三百绝非"思无邪"所能概括，那里边有悖情性之"正"的作品很不少。朱熹发现这点，所以做出这样的解释："凡《诗》之言，善者可以感发人之善心，恶者可以惩创人之逸志；其用归于使人得其情性之正而已。"朱熹自然也是站在儒家立场区别善恶；他的了不起的地方，在于敢讲真话，即说出《诗》中有"恶"即有"邪"

这个事实（他的《诗集传》说得更具体）。至于他的解释——"恶"亦能使人得情性之正——则不但牵强，而且显然不符孔子原意。孔子原意是说《诗》三百中根本没有"邪"（"恶"）。

【评】"思无邪"是孔子对《诗》三百做的鉴定，于是到汉代它便成了可以"经夫妇、成孝敬、厚人伦、美教化、移风俗"的儒家圣经。"拔高"的结果，必然是对《诗》三百作为文学作品的曲解，汉儒之序《诗》注《诗》皆如此。更可怕的是后世儒家又把对《诗》的曲解作为标准，用来要求和衡量所有的作家作品。这个标准，简单说来一是尚"同"，再是尚"用"；尚同即符合圣人规定的伦理道德，尚用即为政治教化服务。这两点，均有悖于文学自身之品格。所谓文学自身品格，其要也有两点：一是个性化，一是超越功利之审美。文学如果尚"同"尚"用"，其结果必然是自身品格之丧失。从这角度说，儒家文化对文学发展是非常不利的；历代优秀作家无不是突破儒家尚同、尚用的禁锢才取得自己的成就，此不可不知。

儒家文化对文学发展不利，孔子是有责任的。不仅是说了一句"思无邪"，关于《诗》他还说过别的尚同、尚用的话。这是孔子的重大失误，这种失误似乎不可避免。孔子自己不是没有个性，也不是不懂审美。问题在于，他的主要兴趣是"为政"，要搞政治就必须尚同尚用。看来政治与文学品格是无法协调的。

三、王道与霸道

子曰:"道之以政,齐之以刑,民免而无耻;道之以德,齐之以礼,有耻且格。"

【讲】先说"道之""齐之"。道:通导,引导、领导;齐:整齐,用为动词;之:代词,指下文"民"。先是"道之",若有不从则"齐之"。用什么来"道"来"齐"?一为政与刑,一为德与礼。政与刑是冷冰冰的,叫人生畏。先是颁布种种政策法令要你服从,你若不从就动用刑罚,打板子、监禁、杀头。其结果,是"民免而无耻",虽能免于犯禁却失掉了羞耻之心。德与礼,则是着重教育感化,使人心悦诚服;其结果是"有耻且格",人民既有羞耻之心,即保持住做人的尊严,而又能守规矩。格:旧注释为"正",今解为"守规矩"更恰切。

所说两种治国方式,孔子自然是赞成后一种。用孟子的话来说,"道之以德,齐之以礼"便是"王道","道之以政,齐之以刑"便是"霸道"。

【评】儒家的王道理想,在历史上有很大影响,但它从未实现过也不可能实现。即使在今天看来,它也只能是一种空想。比如我们现在，上有贪官下有污吏，靠思想教育来解决行吗？那无异于期望他们发善心！关键还在健全法制，你贪污就让你坐牢，杀你的头。现在坐牢、杀头的已有不少，社会风气仍不见根本好转，问题还是出在法制上边，要真正健全法制就得让老百姓有发言权和监督权；这就牵涉到体制改革。到此为止。

四、孔子晚年的自白

子曰："吾十有五而志于学，三十而立，四十而不惑，五十而知天命，六十而耳顺，七十而从心所欲，不逾矩。"

【讲】据《史记·孔子世家》载，孔子五十六岁去鲁，在外凡十四年，返回鲁国时年已七十，遂不再求仕，而专心致志于教育与治学，直到七十三岁逝世。然则上边这段话，应是他晚年面对学生的自白。

十有五，十又五。他说他十五岁"志于学"，不是说此前不曾学，而是说自此才立志于学，即把"学"视为终生追求的目标。须知孔子之学不限于书本，而是包括为人处世的人生经验。"而立"，学有所成，故能立足于世。"不惑"，朱熹释为"于事物之所当然，皆无所疑"。"知天命"，天命其说不一，还是朱熹解释最好："即天道之流行而赋于物者，乃事物所以当然之故也。""不惑"为知其然,"知天命"为知其所以然,即掌握了事物发展之规律。"耳顺",亦颇有歧解,或以"耳"通"尔",为"而已"之合音,前边的"而"为衍字;或谓举耳以概耳目。要之,此句关键在"顺":前曰知天命,此言顺天命,又进一步。"从心所欲不逾矩",从,或释为纵,其实不必,"从"就可以了!心里怎么想就怎么做,而又能不超出规矩。此所谓矩,并不限于伦理道德规范,而是指天命;从心所欲而又不违乎天命,心与天命融合为一,即主、客观之高度统一。孔子是否真达到这种境界是个问题,但可见其自负而已。一个人到这种年龄是有权利说些自负的话的。

【评】孔子自述为学经历了几个阶段,后边三个阶段均就天命而言。关于孔子的天命观,历来有许多说法。在《论语》中,天、命、天命屡见,用在不同地方含义不尽相同。这里我采取朱熹注,并用现代话释为事物(包括自然与社会)发展之规律;这自然是唯物论的解释。我是唯物论者,但我认为心也是物,是物中之最精者;并认为每个人心都是一个独立的世界,都可以与除他之外的整个物的世界并立。孔子十分重视精神即心的价值,但却从未宣扬过超乎人身(物)的心的存在,所以在我看来他也是个唯物论者。孔子与我的分歧,在于他不重视人心差异之合理性。"从心所欲不逾矩",应是殊途同归,关于这点孔子未必意识到。

五、释孝之一

孟懿子问孝。子曰:"无违。"樊迟御,子告之曰:"孟孙问孝于我,我对曰:'无违。'"樊迟曰:"何谓也?"子曰:"生,事之以礼;死,葬之以礼,祭之以礼。"

【讲】孟懿子:鲁国大夫,姓孟孙(仲孙),名何忌,懿是他死后的谥号;孟(仲)孙氏是当时鲁国三大家族之一。樊迟:姓樊,一名须,字子迟。孔子弟子,小孔子三十六岁。御:同驭,驾车,详后知为孔子驾车。孟懿子问孝,孔子的回答是"无违",事后又把这回答告知为他驾车的樊迟。樊迟不明白"无违"是什么意思,于是孔子又答道:无论生、死均须事之以礼。须知子对父母之礼,其内涵便是孝敬、无违。旧注或谓"是时三家僭(jiàn)礼,故夫子以是警之"(杨氏引其说);恐非是,因为孔子后面的话是对樊迟而不是对孟懿子讲的。又或曰"所谓以礼者,为其所得为者"(钱氏用其说);亦非是,因为此所谓礼专指子对父母之礼,不存在得为与不得为的问题。

这段话的要旨,在于以"无违"释孝。唯樊迟比较迟钝(子贡要听了"无违"便不会再问"何谓"),才进而用具体的礼加以解释。

【评】孝道之核心确为"无违"。但以今天的道德标准权衡，还应采取前边所引仲长统的意见加以补充。

六、释孝之二

孟武伯问孝。子曰："父母唯其疾之忧。"

【讲】孟武伯：姓孟孙（仲孙），名彘，孟懿子之子，死后谥为武。此章孔子的回答，注家亦颇有异议，今采何晏所引马融之说："言孝子不妄为，非唯疾病然后使父母忧。"但下句有语病，应改为"非唯疾病不使父母忧"或"唯疾病然后使父母忧"。

【评】这段话既道出人子之孝，亦道出父母之慈。反过来，也可以"子女唯其疾之忧"释慈。无论为人父母为人子女，均当因为对方的缘故而严于律己；此乃人间之至情，孝道之有益于社会亦以此。

七、释孝之三

子游问孝。子曰："今之孝者，是谓能养。至于犬马，皆能有养；不敬，何以别乎？"

【讲】子游：孔子弟子，姓言，名偃，字子游，小孔子四十五岁。孔子这段话，意思很清楚。唯犬马之喻有三种解释：一、犬马亦能养人；二、犬马亦能养自己父母；三、犬马亦能被人养。今按前二解根本不通，只可用第三解。意谓尽孝非但指养活父母，更重要的还在敬爱。否则就难以与养狗马区别。

【评】此章所说乃古今之通义。人区别于别的动物就在人有反哺，而且必须是恭恭敬敬的反哺。

八、释孝之四

子夏问孝。子曰："色难。有事，弟子服其劳；有酒食，先生馔，曾是以为孝乎？"

【讲】色：容色、表情。弟子：年幼者。先生：年长者。馔：饮食，用为动词。曾是：尝是，已做到这点（指前边所说服劳、让馔）。孔子意思是说，服劳、让馔，凡年幼者对年长者都应做到；子女对待父母仅做到这点，还不能说是孝。孝之难，难在容色表情。什么容色表情？他没有讲。朱熹曰："孝子之有深爱者，必有和气；有和气者，必有愉色；有愉色者，必有婉容。"和气、愉色、婉容皆出于"深爱",故曰"必有",不是装出来的,所以难得。

【评】以上四章均为释孝,但角度不同。答孟懿子曰"无违",答樊迟曰"以礼",答孟武伯曰"父母唯其疾之忧",答子游曰"敬",答子夏则曰"色难"。于是程颐有云:"各因其材之高下,与其所失而告之,故不同也。"(《集注》引)以下篇章将不断证实:孔子是极善于因材施教的。

九、孔子喜欢内向型性格

子曰:"吾与回言,终日不违,如愚。退而省其私,亦足以发。回也不愚。"

【讲】回:姓颜,名回,字子渊,小孔子三十岁,是孔子最满意的弟子。不违:"意不相背,有听受而无问难也。"(《集注》)退而省(xǐng)其私:应是颜回退,孔子省其私。退,从孔子处退下。省,检查。私,平时的言行。发:发明,发挥;指其所受孔子之教而言。颜回听孔子教诲,可以整天不相背,也不发问,好像很愚蠢。所以孔子注意观察他平时的言行,这才发现他不但听懂了孔子之教并能有所发挥,于是得出"回也不愚"的结论。

【评】在孔门著名弟子中，颜回死得最早，在论语中出现次数也少，人们对他的了解主要是通过孔子对他的赞扬。孔子极少赞扬学生，但赞扬颜回多达六次；既赞扬他好学，也赞扬其安贫乐道的人品，"贤哉，回也！"（《雍也》）"其心三月不违仁，其余则日月至焉而已矣"（同上）。这是极高的评价。可是，《论语》所载颜回自己的言论只有四处，一是他背后赞美孔子，一是孔子提问他答，再有两处是他提问孔子答；从中实难看出其有何出众的才智与人品。

孔子所以特别喜欢颜回，恐与本章所说"不违，如愚"的性格有关。后来苏轼赞扬欧阳修"大智如愚"（《贺欧阳少师致仕启》），便是受孔子评颜回的启发。且撇开颜回、欧阳修不论。一个人专心致志于某专业，因而在日常应对中幼稚得就像个孩子，这种人古今中外都有，不妨誉之为"大智如愚"。可是，长期以来中国人总喜欢"如愚"的内向型性格，对于飞扬跋扈者则嗤之以鼻，这几乎已成为一种思维定式。其实如愚未必大智，亦未必贤。需要做具体考察。孔子虽然偏爱内向型性格，但他对颜渊还是做了一番考察才下结论的。["回也，非助我者也，于吾言无所不说。"（《先进》）]

十、知人不难

子曰："视其所以，观其所由，察其所安；人焉廋哉？人焉廋哉？"

【讲】本章讲知人之诀。所以、所由、所安，均就一个人做同一件事而言。所以："以"可释为用、为，亦可释为原因；兹采后一解释，则"所以"指做某件事的动机。所由：所经，此处指做某件事采取的手段。所安：应指做完某件事后的态度，安或不安。人焉廋（sōu）：焉为疑问代词，此处代方位，义为何处；廋，藏匿。视其、观其、察其同义，变换用词乃修辞需要，或谓有递进之义，也讲得通；其为不定人称代词，指同一人。本章意思是说，了解一个人，只要看他做事的动机、采取的手段（方法）以及事后的态度，此人人品便昭然若揭，无处隐藏。末句重言之，可见孔子对此是很有信心的。

【评】在言与行的关系上，孔子主张"讷于言而敏于行"（《里仁》），少说话多做事；又尝云："始吾于人也，听其言而信其行；今吾于人也，听其言而观其行。"（《公冶长》）本章所说，便是"观其行"的方法，即观其所以、所由、所安，讲得既精到而又全面；因为凡人做事均必有其动机、手段（方法），无论成与不成在事后总有所表现（态度）；从这三方面加以观察，其人之人品性格便无处隐藏。此古今之通义。所谓古今通义，就是孔子说的今天也实用。我在学校，除了上课和开会，基本上不与人交往，不搞人际关系，但参加职称评审工作。在历次评审中，通过申请者之所以、所由、所安（安或不安），可是了解了许多人，了解得非常清楚。

对孔子的话还可做点补充。有个外国人认为"善就是利"，这话不无道理，但不能将"利"仅理解为一己之私利。比如，某人对你很好，他做的事对你有利，那是因为他和你利益一致，你就认为他是个好人。这种判断往往靠不住。一旦利益发生冲突，他做的事对你不利，你又会认为他是个坏人，这种判断同样靠不住。对一个人做判断，最好是把自己撇开，即不是看他对自己如何，而要看他对别的人别的事如何，包括其所以、所由、所安，这样得出的结论才比较准确。

有本书——大概是《红楼梦》上有句话："'世事洞明皆学问，人情练达即文章。'"原文是这样吧？没有查。以上孔子所说以及我的补充，即属人情世故，不值得刻意去学，亦不能完全不懂，完全不懂就成了傻瓜。人生一世，既要堂堂正正，又不能当傻瓜。

十一、温故与知新的关系

子曰："温故而知新，可以为师矣。"

【讲】此章从字面上毋须解释。孔子每以"好古"自诩，好古即温故，其目的还在知新；反过来说，知新又必以温故为前提（基础），否则便无从知新。既温故而又能知新，这才可以当老师。

【评】此亦古今通义，难得的是表达得如此简洁而精确。懂得这道理容易，真做到可不易。现在但温故而不知新，或但知"新"而不温故的人，在大学和学术界都很多。对你们来说，当前主要的任务还在温故，但切莫忘记目的在知新；如果现在就能知新（无论大小多少），自然更好。说到底，温故为己，知新方可为人。做学问的最终目的是为人；从实现自我价值来看也是为己。〔为己为人，温故知新乃一件事之两面。〕

十二、专与博的关系

子曰："君子不器。"

【讲】器：器械、器具，每种器械或器具均各有其专门用途。孔子反对像器械、器具那样只具有某种专门用途，用今天的话说就是成为某方面的专家。那么君子应是怎样的人呢？这里没讲。邢昺说为有德之人，有德则无所不施；庶几合乎孔子之意。

【评】孔子看不起专门家，是由于当时科学不发达、分工不细密的时代背景决定。到了今天，非但自然科学，人文科学的分工也很细，并且发展趋势是愈来愈细。就拿文学来说，孔子时代就没有这门学科，而今天你要说自己是研究文学的，别人一定会问你研究的什么文学；你说你研究中国文学，还得问研究的哪一段；你说研究唐代，还得问主攻哪一家。在学术领域，"通才"与"杂家"往往是贬词，受尊敬的是深入一点取得成就的专家。孔子"不器"的观点早已过时。

但是，同时也要看到，学科分工愈来愈细的趋势，也伴随一个弊端,便是专门家的知识面愈来愈狭窄,往往仅限于自己所从事的专业范围,这样是出不了大家的。我不知这问题应如何解决,但主张无论从事何种专业,都应尽量逐步扩大知识面,将"专"建立在"博"的基础之上,这对你从事的专业有利。再说孔子所谓德,在今天看来也是重要的。前些时和一个美国汉学家交谈,她说她只能算汉学学者(scholar for Han studies),而不能算知识分子(intellectual)。她是博士又是教授,但还不算知识分子,只能算专业学者。她说,只有关心国家以至全人类的命运,能对现实采取批判态度的人,才能被称为知识分子。于是我立即想到"大丈夫以天下为己任""天下兴亡,匹夫有责"这些古训,这确是中国从孔夫子开始就有的传统,一个应该继承发扬的优良传统。那个美国人也承认:"你们都很关心国家和世界大事,在美国只有少数人关心。"虽无能为力,也不能不关心。然则 intellectual 不妨改译为"君子"。但孔子主张的"不器"是不对的。只顾当"君子"而没有业务专长,那就成了空谈家,除非你能像孔子那样创立一个学派。既要专,又要博,博大到心中能装下整个国家和人类;如此,即可谓为一个现代中国的君子。

十三、做了再说

子贡问君子。子曰:"先行其言而后从之。"

【讲】孔子所说的意思是：先把你想说的话做到了，然后才说出来。

【评】子贡问君子，孔子的回答实在有点文不对题。原因是平时子贡太爱讲话，孔子才这样回答他。若非因材施教，"做了再说"实不足为训，孔子自己讲过的话、他的许多主张就始终没有实现，但至今仍有价值。针对今日之中国，我倒希望多出几个敢说敢做的人，做了再说与说了再做都可以，放点空炮亦无妨。

十四、合而不从

子曰："君子周而不比，小人比而不周。"

【讲】周与比，含义相近，根据文意又有原则区别，历来注解都是以意逆志。孔安国曰："忠信为周，阿党为比。"朱熹曰："周公而比私耳。"现代注家多融汇二家之言，将此章解为：君子以忠信为基础普遍团结人，小人则结党营私。这自然讲得通，但增添的成分太多。今按：周，合也，例如后世屈原《离骚》："虽不周于今之人兮，愿依彭咸之遗则。"比，从也，例如《诗经·大雅·皇矣》："王此大邦，克顺克比。"周而不比，即合而不从，和人团结但不顺从，得保持自己的独立品格和见解等；此为君子之风。小人反是。孔子还说过"君子和而不同，小人同而不和"（《子路》），意思一样。

【评】作为政治家，孔子尚"同"。但他不是不懂"异"之重要，不了解这点就不能正确了解孔子。这类话在《论语》中不多，应予特别的注意。

十五、学与思的辩证关系

子曰："学而不思则罔，思而不学则殆。"

【讲】罔：迷惑。殆：危险。

【评】为求得真知，学与思均不可偏废。学与思的关系，即前边所说温故与知新的关系。这道理孔子已讲得很清楚。然则学与思孰先？孔子没讲。从根本上说，当然是学在先，一个人刚出生除了哭什么也不会，一切都是学来的。但是，就治学的某一阶段而言，又往往是思在先，比如写篇论文，就需要先把想要表达的观点加以反复推敲，理出个头绪，然后再回头检阅有关文献，据以验证、补充、深化或是修正已形成的观点。当然观点的最初形成，也要靠平时的学养即学习的积累。

你们现在主要任务是学，也要思，"学而不思则罔"，对于所学的东西就不能真正了解。其实暂时不了解也不要紧，只要记住将来总会了解。主要是多读，读得熟，熟到能背诵的程度。明代大学问家杨慎,被贬云南期间撰写了许多书,引经据典主要都是凭记忆。现代人梁漱溟,"文革"期间藏书被查封,躲在一间小屋写出《人心与人生》,书中征引虽不多,要没有扎实的学养也是断然写不出的。你们趁年轻就应在学问上打下扎实的基础。到了"而立"或"不惑"之年,学有所成,就要把重点放在"思"的方面,但还是要学,否则也有危险。像我现在,教学与写作均以"思"为主,却也不敢不学;过去学过的东西,到用的时候还得查阅、复习,同时还要根据需要不断学习新的东西。

学与思都是一辈子的事,二者分不开。相对而言,学为继往,思为开来;思也是学,并且更苦。《庄子·养生主》开篇便说:"吾生也有涯,而知也无涯;以有涯随无涯,殆矣!"我常想起这话,但并不同意他的结论。庄子的结论,是什么也不学,什么也不做,于荣辱皆无动于衷,一切顺乎自然,于是"可以保身,可以全生,可以养亲,可以尽年"。保身、全生、养亲、尽年,最终不是也得死吗?并不能解决"有涯"与"无涯"的矛盾呀!人生本是一个有限的过程,明知其有限仍然"学而不厌",在这方面我是完全同意孔子的。庄子虽然反对学,实际他也是个很有学问的人,否则也不会有人研究他了;此亦不可不知。

十六、关于排斥异端

子曰:"攻乎异端,斯害也已!"

【讲】攻:古今多数注家均解为治;我们现在说某人专攻什么、主攻什么,攻也是治的意思。也有人解为攻击,刘宝楠引孙奕之言曰:"攻,如攻人恶之攻。"杨伯峻即从此说。如从前说,下句的"已"为语词;如从后说,则"已"为止义。二解不同,却都是说异端是害,必须排斥。然则异端何谓?其说亦不一,还是《集注》所说允当:"非圣人之道,而别为一端。"孟子之距杨、墨,有曰:"杨氏为我,是无君也;墨氏兼爱,是无父也;无父无君,是禽兽也。"(《孟子·滕文公下》)便是排斥异端之具体表现。后世程颐则云:"佛氏之言,比之杨墨,尤为近理,所以其害为尤甚,学者当如淫声美色以远之;不尔,则骎骎乎入于其中矣。"既然近理为何反而"远之"?这就活脱出儒家对于"异端"之恐惧心理。实则二程均深受佛氏影响,只是自己没意识到或不敢承认而已。

【评】一种学说一旦形成体系,必然具有排他性。不独孔子,先秦各家均如此,彼此批驳,措辞都很尖刻,例如《墨子》中就有《非儒》篇,把孔子批得体无完肤,近乎人身攻击。问题是，到了汉代，儒学取得独尊地位即成为官方学说以后，便没有人再敢批评它，谁要犯禁，轻则丢官重则杀头。嵇康"非汤武而薄周孔"，不是被司马昭杀了吗？明代的李贽反对"咸以孔子之是非为是非"，也终于以"伤风败俗，惑乱人心"的罪名被关进监狱，自杀于狱中。责任当然不在儒学本身，而在专制政体。

虽然从孔子开始就主张排斥异端，但事实上儒家学说在发展中仍然不断地融入了"异端"。董仲舒之天人感应融入了阴阳五行说，何晏、王弼、郭象等人之注儒家经典融入了老、庄，程朱理学与陆王心学又融入了玄学与佛学：此尤显者。任何学说，要发展就必然要增添新思想。和自然科学不同的是，人文科学不一定新的就比旧的好。但我不赞成分真伪，而主张分阶段。从人生哲学的角度看，还是以孔子为代表的先秦儒学最有生命力与合理性；从形而上角度看，则天人感应、玄学以及宋明理学与心学更有研究价值。

就某一学派自身而言，排斥异端几不可免；就整个社会而言，则应允许不同学派同时存在，根本毋须确定某家为官方学说，而将其他的视为异端加以排斥。

十七、为学切忌不懂装懂

子曰："由！诲女知之乎？知之为知之，不知为不知，是知也。"

【讲】由：姓仲，名由，字子路，孔子忠实弟子，小孔子九岁。诲：教诲。女：汝。知：此处宜释为懂、明白；最后一个"知"，通智，明智也。孔子对子路说：教你的东西懂了吗？懂就是懂，不懂就是不懂，这才是明智的。言外之意，就是叫他别不懂装懂，强不知以为知。这是因为，子路性粗鲁，又好强，入孔门前尝"冠雄鸡，佩豭豚，陵暴孔子"，大概文化也不高，所以孔子才对他说这番话。这也是因材施教。

这段话意思很浅显，但今人或对它做出高深解释，说是孔子授子路以求知之法，认为人间以至宇宙万事，有可知与不可知之分，要明白这种界限才算真知。这也讲得通，但恐怕还是通俗的讲法合乎原意。

【评】强不知以为知，这是凡人都有的毛病，孔子自己也未能免俗。其原因，主要是好面子。或曰这是中国人的毛病，其实西方人好面子不在中国人以下，你要和他们谈话就会发现，对方常常是不懂装懂，你要认真地追问，他就慌了。再一个原因，就是懒，怕麻烦。就拿念别字来说，这是中国人的大问题，不但年轻人，即便七八十岁的大学者亦难免；其实很容易避免，随时翻翻字典就行，就是懒。好面子和怕麻烦，可说是人性的普遍弱点。常常想起孔子这段话，对克服自身弱点不无裨益。

十八、多闻多见与谨言慎行

子张学干禄。子曰："多闻阙疑，慎言其余，则寡尤；多见阙殆，慎行其余，则寡悔。言寡尤，行寡悔，禄在其中矣。"

【讲】子张：姓颛孙，名师，字子张，孔子后期弟子，小孔子四十八岁。学干禄：学做官。干：预，参与。禄：俸禄。阙：阙如，即将其空着、保留着的意思；例如《子路》篇所说"君子于其所不知，盖阙如也"，即此意。尤：过错。

子张想当官，于是孔子告诉他：言论方面要多听别人讲，对可疑的话别附和（"阙疑"），只能谨慎地发表四平八稳的意见（"其余"针对"疑"而言），这样就少出错；行为方面要多看别人怎么做，对于危险的事别盲从，只能谨慎地做那些没有风险的事（"其余"针对"殆"而言），这样事后就少后悔；言论少出错，行为少后悔，做官自然没问题了（"其中"针对上文所说谨言慎行而言）。

【评】孔子所说做官之诀，简易可行，今天看来仍然有效。果如其言，稳稳当当做个官僚没问题，成不了政治家。孔子自己，五十岁以后在鲁国当过中都宰，随后又做过司空、司寇，并一度代摄相事，当然懂得一些官场世故。但他前后当官加起来不过三四年，后来游说列国也始终没有当上官，这就说明他有他的原则和主张。孔子自己是当政治家的料，不是当官僚的料。

多闻多见与谨言慎行的品格，各行各业都有，应该说是一种好品格。但不是最高的品格。

十九、用人唯贤

哀公问曰："何为则民服？"孔子对曰："举直错诸枉，则民服；举枉错诸直，则民不服。"

【讲】哀公：姓姬，名蒋，孔子晚年回国时的鲁国国君，哀是他的谥号。《论语》中凡记孔子答君问必曰"孔子对曰"，答弟子及其他人问则必曰"子曰"。举：举用。直：正直，指有贤德之人。错诸：置之于，按文意不是置之于……之中，而是置之于……之上。错通措，置义。诸，之于之合音。枉：曲，不正，指奸佞之人。

鲁哀公问要做什么才能使老百姓心服？孔子说举用正直的贤人，将其置于不正的奸佞之人之上，则民服；反之则民不服。

【评】在君权制下，当政者之正与不正，的确是民心向背的关键,孔子之言不诬。就民主政体而言,当政者之正与不正也是个大问题,区别在于用什么人不是由最高统治者决定,而是由老百姓来决定;因此老百姓也就不存在服与不服的问题,只有满意不满意的问题,对不满意的就罢免。

二十、居上位者须以身作则

季康子问:"使民敬、忠以劝,如之何?"子曰:"临之以庄,则敬;孝慈,则忠;举善而教不能,则劝。"

【讲】季康子:姓季孙,名肥,鲁国大夫,鲁哀公时任正卿,鲁国实际掌权者,康是他的谥号。他问孔子:用劝勉的办法使百姓对自己敬而忠,怎样才能做到?以劝:用劝勉的办法,不是用强制的办法。按钱穆解"以"为"而",杨伯峻解"以"为"与",揆之文意均不通。孔子的回答是:你在百姓面前庄重(上对下曰临),他们就会对你恭敬;你孝敬老人慈爱幼小,他们就会对你尽忠;你表扬敬、忠者而教育不能做到的人,他们就会以敬、忠互相劝勉了。或谓"善"指德,"不能"指才,恐非是;善与不能均针对敬、忠而言。

【评】孔子所主张的百姓对统治者的态度,早已过时。但他认为居上位者须以身作则,要求下面做到的事首先自己要做到；这个观点在今天仍有积极意义。俗话说："上梁不正下梁歪。"当政者不可不知，既知就要改。改却难，不能靠已然腐败者发善心，而要进行体制改革。

二十一、孔子自我解嘲

或谓孔子曰："子奚不为政？"子曰："《书》云：'孝乎惟孝，友于兄弟，施于有政。'是亦为政，奚其为为政？"

【讲】或：有人，无定人称代词。奚：为何，疑问副词。《书》云以下三句：按孔颖达《尚书正义·周书·君陈》，此三句为"惟孝，友于兄弟，克施有政"。孔子当另有所见。有人问孔子为何不为政，意思是问他为何不去当官。于是他引用《尚书》上的话，那意思是说，将在家孝顺父母、友爱兄弟的情感施用于政治（按：此为周公死后周成王对周公儿子讲的话）；然后说，这也是从事政治，为何一定要当官呢？引文中"孝乎惟孝"，何晏引包咸注曰"美大孝之辞"；"惟"为语中助词，无义。"施于有政"中"有"为语词，无义。

【评】本章言孝、友与为政同，固然合乎孔子由亲及疏的政教理想，但他说不必做官则恐非由衷之言。朱熹云："盖孔子之不仕，有难以语或人者，故托此以告之。要之至理亦不外是。"可谓知孔子者。但他认定这是定公初年即孔子五十岁以前发生的事,则无据。

二十二、人无信则事无以成

子曰:"人而无信,不知其可也!大车无輗,小车无軏,其何以行之哉?"

【讲】牛驾之车叫大车,要为载货;马驾之车叫小车或曰轻车,要为载人。輗(ní)、軏(yuè),都是车杠(辕)前端与横木衔接处的销子(榫头)。牛车所用销子曰輗,马车所用销子曰軏,不但均在辕与横木间起衔接作用,并能使二者都有活动余地,这样横木上套的牛或马才能灵活地行动(如转弯等)——可见其为车辆行进之关键。孔子认为,人们交往要不讲信用,便不能彼此配合,也就什么事也办不成,犹如车之无輗、軏就不能行进一样。

【评】为强调人际关系中守信之重要,以輗、軏为喻颇恰当,今天看来亦无可挑剔。

二十三、承传与变革

子张问："十世可知也？"子曰："殷因于夏礼，所损益可知也；周因于殷礼，所损益可知也。其或继周者，虽百世可知也。"

【讲】十世：旧注或以三十年为一世解之，或以王朝易姓为一世（代）解之，按文意应从后一种解释。又按文意十世指此后十世。子张问可否预知十世以后的社会是什么样子？孔子却从以前的社会说起，说是殷世因袭夏礼，周世因袭殷礼，"所损益可知也"，所减（损）所增（益）即变通者可知，言外就是说仍有不变而通的东西。"其或"二句是正面回答子张的问题。"其"为语词，起缓和语气的作用，使"或继周者"成为假设之辞；"虽百世"乃为表示对"可知"之坚信，你看，孔子说话也是动感情的，并不那么谨慎。

【评】这段话有两点值得注意。一是子张并非问礼，而是想知道未来的社会是什么样子，孔子却用礼来回答，这就说明他对礼高度重视，将其视为整个社会之行为规范。因此，对孔子所谓礼就不能仅仅理解为礼仪制度，它还涵盖政治、文化、伦理、风俗等之见诸外表者。

再就是对于预知未来之坚信，〔问十世答百世〕说明其极重视历史文化之承传。他自己在中国文化发展中是个继往开来的关键人物，我们现在所谓中国文化传统，乃以儒家文化为主体，而孔子实为儒家文化之开山祖。可他总是自称"好古"，"述而不作"，这不仅是谦虚的表现。须知人类社会从茹毛饮血发展到今天，从任何一个历史阶段来看都是既有承传又有变通，无承传便无以变通，那就只能由零开始，这是不可能的事。孔子所谓"因"便是承传，"损益"便是变通。

二十四、合情合理（礼与义）

子曰："非其鬼而祭之，谄也。见义不为，无勇也。"

【讲】上句，何晏引郑玄曰："人神曰鬼，非其祖考而祭之者，是谄求福。"鬼指已逝的祖先，若非自己的祖先而祭之，便是谄媚以求福。朱熹则云："非其鬼，谓非其所当祭之鬼。"然则所当祭之鬼就不限于自己祖先。二说均各有据，不知孔子原意究为何，兹存疑。下句，"义"，宜也，所当为者；所当为而不为，无勇也。

【评】非其鬼而祭与见义不为，似不相干，为何把两件不相干的事放在一起说？这两件事，不过是举例，要为说明当为与不当为。非其鬼而祭，不合礼也，此不当为而为；见义不为，不合义也，此当为而不为。人的行为都应当合乎礼与义。何谓礼义？曰：礼者，理也；义者，情也（属于情感判断）。合乎礼义即合乎情理，今天做事不也应当如此吗？当然古今情理不尽相同，既有同又有异，此即上章所说承传与变通之关系。

PART 3

八佾第三

一、对僭礼者怒斥

孔子谓季氏："八佾舞于庭，是可忍也，孰不可忍也？"

【讲】此抨击季氏用乐舞之僭礼。季氏究指何人？或谓为季平子，或谓为季桓子，或谓为季康子，皆推测之辞。佾，舞列也，天子八，诸侯六，大夫四，士人二；每佾人数如其佾数，或曰每佾均为八人。季氏为大夫，而以八佾舞于庭，故孔子深责之也。"是可忍也，孰不可忍也"——此如可忍，则何事不可忍！"孰"，疑问代词，用以代事。或谓此句主语为季氏，说他既然这种事都忍心做，还有什么事不忍心做呢。也讲得通。要为深责之辞。

【评】（原缺）

二、对僭礼者讽刺

三家者以《雍》彻。子曰："'相维辟公，天子穆穆'，奚取于三家之堂？"

【讲】三家：孟孙、叔孙、季孙，当时鲁国实际掌权者，尝三分公室；因同为鲁桓公之后，故又合称三桓。以《雍》彻：彻同撤。古礼祭毕撤去祭馔时须歌诗，《雍》为天子宗庙之祭所歌，今三家者僭而用之。于是孔子引《雍》诗两句（见《诗·周颂》）：相，读去声，助也，指助祭者。维，是也。辟，君主；辟与公均指诸侯君主。天子，周天子；穆穆，言其主祭时严肃庄静之形容。引此二句要为说明，助祭者都是诸侯国君，主祭者则是周天子。今三家者既非诸侯，更不是天子，你们在自己的庙堂唱这种歌有何意义？"奚取"，何取，取其何义。刺之切矣。

【评】季氏及三桓以大夫而僭天子之礼，为什么胆子那么大？因为他们手上有权。孔子所以深恶痛绝，其所维护的是礼，反对的是强权，实出于正义感，十分了不起的正义感！很值得我们学习。礼即理，社会之公理。孔子处于君主时代，我们已处于民主时代，彼此之公理已发生根本变化，但公理与强权之争依然存在，只是许多人对此已麻木不仁。

昔时天子与诸侯，即今中央与地方领导，按今日之公理他们是公仆，而人民则是主人。但事实上，不是公仆听命于主人，而是主人听命于公仆，公仆"僭礼"，主人无可奈何。那些由公仆选择的主人代表（实际上大多数自己就是"公仆"），对此心安理得，或者因为不敢，或者因为自己已分得一杯羹。所以我说孔子的正义感在今天看来也是非常可贵的。

三、礼乐与仁的关系

子曰:"人而不仁,如礼何!人而不仁,如乐何!"

【讲】前边已经讲过,礼辨异(辨异为分上下,并非承认个性差异),乐求和。儒家主张礼乐治国,目的则是为实现仁,即人们彼此相爱的理想。本章却说:做人不仁即没有爱人之心,"如礼何""如乐何",如训奈,奈何,拿它没办法,即没用。其实际含义就是:对于不仁之人,礼、乐是没用的。何晏引包咸曰"言人而不仁,必不能行礼乐",皇侃《义疏》则曰"此章亦为季氏出也",朱熹亦引季氏曰"疑其为僭礼者发也";按僭礼用乐亦属不能行礼乐之列,故上述二解不相悖。要之孔子这段话也是激于义愤,有感而发,是否有具体针对就搞不清楚了。

【评】礼乐是手段,仁是目的;也可以说前者是形式,后者是内容(实质)。这在孔子很清楚,强调礼乐治国是为实现仁的理想。现代社会生活中,礼与乐已不是那么重要,但在其他方面,手段与目的、形式与内容的不符依然普遍存在。须知孔子是个失败的理想主义者,只要社会上仍存在不平和非正义,他的思想主张就仍然有生命力,他的激愤感慨就仍然能引起共鸣。

四、仁与礼之本

林放问礼之本。子曰："大哉问！礼，与其奢也，宁俭；丧，与其易也，宁戚。"

【讲】林放：郑玄谓为鲁人；或又谓为孔子弟子，则不确。他问什么是礼之本，孔子感到很惊异，"大哉问"，你的问题好大呀！言外有赞美之意。这是因为，"时方逐末，而放独有志于本"（《集注》），犹如一棵树，凡事都先有本然后有末。关于礼，孔子先说"与其奢也，宁俭"，因为俭为本，奢为末；然后具体举丧礼而言，曰"与其易也，宁戚"，因为戚（悲哀）为本，易（治，指治丧）为末。说到戚，回答就圆满了；因为它是一种感情，任何礼都是以感情为根本。如果没有感情而去追求礼仪上的繁文缛节，便是舍本逐末，"人而不仁，如礼何"，这正是孔子所反对的社会弊端。

需要注意"与其……宁……"这个句式。奢与俭、易与戚相较，宁取俭、戚，不是主张俭，更不是反对易。本章是谈礼之本。至于礼本身，孔子既反对奢亦不赞成俭，而主张适中，其所谓适中实际上还是相当繁的，此亦不可不知。

【评】礼以感情即仁为根本。在本与末、质与文、体与用的关系上，孔子总是重本轻末，重质轻文，重体轻用；对末、文、用本身则既反对"过"亦反对"不及"，而主张适中。这种观念和思想方法，对后世儒家以至整个中国文化具有不可估量的重大影响。

五、孔子感叹周天子名存实亡

子曰："夷狄之有君，不如诸夏之亡也。"

【讲】夷狄：古时对周边邻国或部落（后多已归属中国），东称夷，北称狄，西称戎，南称蛮；此以夷狄指代全体。诸夏：夏指中国（按"三代"即自夏始，夏始统一中国故也），春秋时诸侯各自立国故称诸夏。亡：通无。此章旧注有二解，分歧关键在"不如"，或训为不同，或训为不及。依前解，则此为孔子发感慨，意谓夷狄尚且有君，不像中国现在连君也没有（周天子名存实亡）。依后解，则是说夷狄虽然有君，仍不及中国之无君也（虽无君而礼义不废）。今人多从后解，余则以为前解近乎原意。

【评】孔子之维护君主制，那是时代限制，无可厚非。其所谓礼义，也是以君主制为前提，所以听说季氏"八佾舞于庭"才那样义愤填膺。由此可见，邢昺所谓"此章言中国礼义之盛而夷狄无也"，实出于想当然。相反，孔子每有礼崩乐坏之叹。康有为《论语注》则以"文明世人权昌明，同受治于公法之下，但有公议民主，而无君主"解释"不如诸夏之亡"，那更是把自己的思想强加于古人了。所以我主张将讲与评分开。

六、孔子维护君主制又一例

季氏旅于泰山，子谓冉有曰："女弗能救与？"对曰："不能。"子曰："呜呼！曾谓泰山不如林放乎？"

【讲】冉有：姓冉，名求，字子有，孔子弟子，小孔子二十九岁，时为季氏宰。旅：天子祭山之名。《礼记·王制》："天子祭天下名山大川……诸侯祭名山大川之在其地者。"然则泰山天子当祭，鲁君亦当祭。季氏为鲁大夫而实掌鲁国权柄，故有泰山之祭，孔子以为非礼。救：救其免于非礼之过。曾：岂，反问副词。末句的意思是：难道说泰山之神还不如林放懂礼，会接受季氏的祭祀吗？因为冉有说他不能阻止季氏，孔子无可奈何才发此感慨，愤激而出之以诙谐。

【评】此章与上章参照，益见孔子维护君主制之热情。他不愧为他那时代的仁人志士。到了秦汉以后，再发这种议论就一钱不值。

七、争与让

子曰："君子无所争。必也射乎！揖让而升，下而饮。其争也君子。"

【讲】必也射乎：必，如果。此承上言，如有争那就是射箭了。按《仪礼》射有乡射、大射之分，其礼其仪都非常烦琐，此言"揖让而升，下而饮"，乃但举其要。升，射前升阶；下，射毕下阶。射前射毕均须揖让，无论胜负还要一起喝酒，"其争也君子"，这就是君子之争了。

此章要义在首句所说"无争"。举射为例，则为说明"争"亦须"让"。总之孔子主张"让"，反对"争"。

【评】孔子所谓射，不过是君臣、宾朋间的比赛。要是打起仗来，难道也那样文质彬彬，"三揖三让"吗？当然，孔子反对战争，但战争的存在是事实，到现代也没有消灭。不能说参加战争的都是小人，那里边也有许多仁人志士，许多君子。不但战争，人类社会以至自然界处处有"争"，无争则无以自存，更谈不到进步发展。"无争"之有悖人性与自然，在过去注家中只有康有为指出："进化之道，全赖人心之竞，乃臻文明。"又说："圣人立教虽仁，亦必先存己而后存人。且尤欲鼓舞大众之共进，故争之害，圣人预防之；而争之以礼，圣人特设之。物必有两，而后有争，故礼必分为两。"又说："当仁不让，于射必争。仁孰大于为国民？射孰大于御国侮？故议院以立两党而成治法，真孔子意哉！"孔子之意重在无争；他却重有争，甚至把西方两党制也说为孔子之意，当然是牵强附会。但我很佩服他敢于公开主张"有争"的勇气，不愧为志士仁人。"无争"真是害苦了中国人，尤其是善良的中国老百姓！后来鲁迅主张改造国民性，"哀其不幸，怒其不争"，亦有感于此，亦无愧为志士仁人。

《易·乾》象曰："天行健，君子以自强不息。"此话极是。强乃相对弱而言。故自强便是争，人生在世不能无争。问题不在争与不争，而在争什么和如何争。我主张堂堂正正，既指目的，也指方法，都要光明磊落并合乎正义，此毋须多说。再者，人类竞争不能与动物界的弱肉强食等同，相反强者对弱者要"让"。争与让相对却不相斥，无论就个人或社会而言均须兼有这两种品格，才能算一个好人、一个好社会。此所谓让比孔子所说要大得多。争与让的关系孔子没说清楚也说不清楚，原因就在他既不懂"争"之不可免，更不明白"争"之必要。孔子所谓"让"乃是一种礼节，这种礼节现在也有，只是不兴作揖，形式不同罢了。比如拳击比赛，开始前彼此鞠躬握手，结果打得鼻青脸肿，临了无论胜负还要互相拥抱；此之谓"让"，这也是文明的表现，当然应该提倡。但我所谓让，不仅是一种礼节，而是竞争中强者对弱者的态度，不能以强凌弱，而应以强扶弱。

"让"既是强者对弱者的态度，所以关键还是要"争"，使自己成为强者，然后才谈得上"让"。

八、教学相长又一例

子夏问曰:"'巧笑倩兮,美目盼兮,素以为绚兮',何谓也?"子曰:"绘事后素。"曰:"礼后乎?"子曰:"起予者商也,始可与言《诗》已矣。"

【讲】子夏所问乃属今《诗经·卫风》中之《硕人》,是篇赞美卫庄公夫人庄姜,共四章;其所问属第二章,全文为"手如柔荑,肤如凝脂,领如蝤蛴,齿如瓠犀,螓首蛾眉。巧笑倩兮,美目盼兮"。都是描写女人容色情态之美。"素以为绚兮"今已佚,意谓虽不打扮(素)却光彩夺目(绚)。这是我的解释,自以为比古今注中两种解释都高明。孔子回答以绘画为喻,"绘事后素",即绘事后于素,朱注"犹人有美质,然后可加文饰"。于是子夏又由绘事联想到礼,问曰:"礼后乎?"后于什么没讲,按孔子思想应是后于仁,仁为礼之本。孔子听了很高兴,说自己也从子夏那里受到启发,现在可以和他讨论《诗》了。起,启发。

【评】此与《学而》篇中答子贡问一样,均可看出孔门师生间之教学相长。问题是二例都是用实用观点理解《诗》,尤其本章,竟由女性美联想起仁与礼的关系,实开汉儒之比兴解《诗》之先河。

九、言而有征，无征不信

子曰："夏礼，吾能言之，杞不足征也；殷礼，吾能言之，宋不足征也。文献不足故也。足，则吾能征之矣。"

【讲】杞与宋均周之封国。杞为夏之后，故夏之文献应存于杞；宋为殷之后，故殷之文献当存于宋。征：引用文献来加以证实。文献：历史文件与饱学之贤人（与今之但指典籍不同）。孔子这段话大意谓：夏、殷两代之礼我都能说说，却无法加以证实，原因是今杞、宋两国所存文献不足。如文献足，我就能引用来证实夏、殷之礼了。

【评】既然文献不足又何以言之？须知不足并非全无，而且孔子深谙历史承传与变通之理以及举一反三之法，故能言其大概。但仍然感叹文献之不足以征，表明了无征不信的严谨学风，最为可贵。

十、不欲观之礼

子曰："禘，自既灌而往者，吾不欲观之矣。"

【讲】禘（dì）：祭名。禘祭有三，此指王者之大祭。唯鲁为周公之封国，成王尝以周公有大勋劳而赐其重祭，故以后鲁君沿此而行禘祭；但在孔子看来此属僭礼。灌：裸之假借，又作盥，乃禘祭伊始酌鬯（chàng）献尸之目。鬯，郁金香合秬酿成之香酒。尸，代死者受祭而象征其神灵之人。孔子说，灌以后的节目他就不想看了。据过去注家考证，灌仅是禘祭之始，不过整个仪式十之一；刚到十之一便"不欲观"，那你何必参加？大概那正是他在鲁国当司空或司寇的时候，不能不参加吧。

【评】"不欲观"，是退场跑掉还是仍然留在那里？我想他没有跑掉，虽不欲观仍不得不观，或者站在那里却闭上眼睛。我没当过官，却当过模范，因此也忝列过一些仪式，但大部分时间都是闭目养神。因为，比如一位"公仆"说："首先我要向大家报告一个好消息！"你猜是什么？原来是河北省拖欠教师的工资兑现了。我心想：这不过是改正了一个早该改正的错误，有什么值得夸耀？有的穷乡僻壤之处，教师上课连粉笔都成问题，某些官员却坐的是进口车，住的是高级别墅，这些问题如何解决？教育事业问题成堆，某些官员讲的却都是些冠冕堂皇的话，所以只好闭目养神，充耳不闻。古今是非有别，却都有正直者"不欲观"的事。

十一、至仁至孝者可治天下

或问禘之说。子曰："不知也。知其说者之于天下也，其如示诸斯乎！"指其掌。

【讲】有人问于孔子，"说"当指其意义、原理。孔子答曰不知，旧注都说这是推诿之辞，因为他不满鲁君僭行禘礼，故说不知。但又指着自己手掌说，知道禘的意义的人，整个天下就像呈现在他掌上，意即可运之掌上。上章说过，禘乃王者之大祭，"王者既立始祖之庙，又推始祖所自出之帝，祀之于始祖之庙，而以始祖配之"（《集注》）。又曾参有云"慎终追远，民德归厚矣"（《学而》），而禘礼最能体现"追远"，故知其说者可运天下于掌上。

【评】本章孔子云云，亦当由孝为仁之本去理解。祭祖上溯到始祖以至始祖所自出，可谓至孝，亦为至仁；至孝至仁，则可治天下矣。后来孟子说"以不忍人之心，行不忍人之政，治天下可运之掌上"（《公孙丑上》），不忍人之心即仁心。

085

以仁心行仁政，可作本章孔子言禘之注。

十二、孔子重祭祀但不相信鬼神之实在

祭如在，祭神如神在。子曰："吾不与祭，如不祭。"

【讲】祭，言祭鬼，即祭祖，祭人神。祭神，言祭外神。无论祭鬼祭神，皆"如在"，就像所祭之鬼或神真的存在。行祭者泛指也？特指也？按朱熹云："愚谓此门人记孔子祭祀之诚意。"此说甚是。按此章前记孔子之行，后记孔子之言；观其行但见其对祭祀之重视，听其言则可知其并不相信鬼神之实有。

【评】此章宜与"季路问事鬼神"（《先进》）等章参读。"季路问事鬼神。子曰：'未能事人，焉能事鬼？'曰：'敢问死。'曰：'未知生，焉知死？'"——你连现实人生的道理都搞不清楚，你还研究什么死后的事情？这种精神今天看起来是很可佩服的。孔子在他那个时代，不能公开宣称自己不信鬼神，但他加以回避，回避本身就说明他不相信其实有。

十三、有求无媚

王孙贾问曰："'与其媚于奥，宁媚于灶'，何谓也？"子曰："不然。获罪于天，无所祷也。"

【讲】王孙贾：卫国大夫。其所问当属民间谚语。奥与灶，说者纷纭，不外指神与指人两说，今取后说。奥：居室之西南隅，为一家尊者所居，指一家之长。灶：烹治饭食之处，指厨师。民谚意谓：与其讨好一家之主，不如讨好他家的厨师；即今所谓"县官不如现管"是也。王孙贾提问，当然不是真不懂，而是别有用意。于是又有多说，且采朱熹之说："喻自结于君，不如阿附权臣也。贾，卫之权臣，故以此讽孔子。"因此孔子根本不做解释，而径直答曰"不然"，这话不对！然后说："获罪于天，无所祷也。"要是做事有悖天理，求谁也没用。

【评】最后两句义正词严，言外之意是说我谁也不求，唯愿依天理行事，堂堂正正做人。孔子尝多次到卫国，逗留时间也最久，结果仍一无所成。他实无愧为那个时代的正人君子。

十四、温故知新又一说

子曰:"周监于二代,郁郁乎文哉!吾从周。"

【讲】监:视也。二代:指夏、殷。郁郁:盛貌。文:与质相对,此指礼乐制度。二句意谓:周之礼乐既参照了夏、殷,三代之盛备于此矣!故曰"吾从周",从周即可兼知三代之礼乐。

【评】参看"十世可知也"章(《为政》),可知此所谓"监"实包含"因"与"损益";参看"我非生而知之者"章(《述而》),则知此所谓"从"实包含"好古"与"敏而求之"。要之,无论就社会或个人而言,孔子都既重承传又重变通,温故而知新的观点和方法贯穿着他的整个学说。

十五、敬谨以求实

子入太庙,每事问。或曰:"孰谓鄹人之子知礼乎?入太庙,每事问。"子闻之,曰:"是礼也。"

【讲】太庙：周公庙。周公为鲁国始祖（始封之君），故称其庙为太庙。鄹人之子：鄹（zōu），邑名，在今山东曲阜东南，孔子父亲做过鄹邑大夫，孔子亦生于此，所以称他为鄹人之子。每事问：所问当为庙中之各种礼仪、礼器、乐器。因为孔子年少即以知礼闻名，今入太庙却见着什么都问，所以遭到或人之讥，意思是说他并不知礼。孔子听说，便道："是礼也。"我每事问就是礼呀！说这话时大概很有点少年气盛的样子。或以也、邪通用，将此解为孔子反诘，意谓其所见实属非礼，那就更厉害了；但此说不可取。

何晏引包咸曰："孔子仕鲁，鲁祭周公而助祭也。"朱注亦云："此盖孔子始仕之时入而助祭也。"本属推测，后世注家多从之。近人钱穆更进而指明："时孔子当在青年，始仕于鲁，得入太庙助祭。"按：孔子五十岁以后才开始在鲁国做官，青年时期只做过"委吏"（管理仓库）、"乘田"（看管牛羊）之类差事，似不得称仕，更不得入太庙助祭。窃疑此盖青年孔子初入太庙时发生，实无关仕与祭；事过多年才由他弟子或再传弟子根据传闻记下，自然也有可能是孔子自己讲出来的。

【评】这件事，给人印象实在深。简单几句话，把当时情景写得活灵活现，妙趣横生。既知礼，为何每事问？何晏引孔安国曰："虽知之当复问，慎之至也。"后世注家多从此说，然则孔子是明知故问了。此解不尽妥。孔子虽知礼，初入太庙，总还会见到些不知之事物；原有耳闻之事与物，一旦目睹更欲知其详。每事问，既表明对礼之高度重视（敬），又表明一种不以无知为耻的求实态度（谨）；既敬且谨，这便是礼（朱注）。这回答很妙。撇开孔子所崇尚之礼不谈，"每事问"

的精神今天看来仍是非常宝贵的。

十六、尚礼不尚力

子曰:"射不主皮,为力不同科,古之道也。"

【讲】射不主皮:皮,此指射之鹄的,以兽皮为之。不主皮,何晏引马融曰"不但以中皮为善";朱熹则云"但主于中,而不主于贯革",中的可矣,不必将皮射穿。朱说是。无论如何,射不中的总不行。为力不同科:此为解释上句,"不主皮"是因为人之力大小不等。古之道也:按《礼记·乐记》:"武王克商,散军郊射,而贯革之射息。"贯革之射为力射,力射息而礼射〔大射、燕射、宾射、乡射均属礼射〕兴;此孔子所谓古道也。下逮春秋之季,列国兵争而力射复,孔子之倡古道以此。

【评】尚礼不尚力乃孔子一贯思想,一种无可非议的美好空想,两千五百年前行不通,今天仍然行不通。个人与社会,都不能不讲礼,更不能没有力。力与礼的关系,也就是前边所说争与让的关系。先力争而后礼让,当然力争中也要讲礼让。今天所谓"力",不仅是,不主要是孔子时代所指的体力、武力,智力也算力。

十七、虚应故事也比荡然无存好

子贡欲去告朔之饩羊。子曰:"赐也!尔爱其羊,我爱其礼。"

【讲】告(gù)朔:据《周礼·春官·太史》载:天子每年季冬将来年朔政分赐诸侯,诸侯受而藏之祖庙;诸侯国君于每月朔日祭庙受朔政,曰告朔。朔政即天子所颁每月之政事。饩(xì)羊:腥牲曰饩(从皇侃《义疏》),饩羊即杀而未烹之羊,告朔之礼所用。据《公羊传》载,鲁君自文公六年即"不告朔也",告礼早废而有司供羊如故,故子贡欲去之。可是孔子反对,"尔爱其羊,我爱其礼",口气实在有点专横。其实子贡恐怕也并非心疼一只羊,而是觉得礼既无存还用饩羊做什么!孔子的意思,康有为说是"欲藉名物而存大礼",近是。

【评】这里有个问题:子贡欲去饩羊,是因为孔子正在鲁国当官,他向孔子建议,还是他自己正在鲁国当官,有这种权力,抑或仅是师徒间的议论而已?对此过去注家均无解。按《史记》子贡"常(尝)相鲁、卫",但未详何时;其相鲁如在孔子生前,这次谈话很可能就在此时。但无确据,只好存疑。

子贡务实,孔子务虚(虚应故事)。你们赞成谁的主张?

我赞成孔子，当然不是赞成他保存饩羊的具体主张。文化发展总是有沿有革，旧的东西总是愈来愈少，因此哪怕是保留一点形式、一点残余呢，也比荡然无存的好。

十八、孔子感叹世无知己

子曰："事君尽礼，人以为谄也。"

【讲】唐以前古注皆以此章为泛言，非也。当从朱注，解为：事君尽礼者，孔子也；以之为谄者，时人也。当时鲁国三家掌握实权，人们竞相阿附，谁也不把鲁君放在眼里；孔子相反，在鲁君面前竭尽君臣之礼，而时人却以为这是谄媚。这不仅说明一个事实，言外还颇有世无知己的感慨。

【评】此章宜与《乡党》篇参读。孔子上朝时那副毕恭毕敬、诚惶诚恐的形容，在别人看来一定觉得可笑（因为鲁君已名存实亡，权在三家），在他自己却认为这是天经地义的事。因为他主张以礼治国，臣事君之礼就应当如此，他是在维护自己的理想。所以说，孔子的行为和感慨，都是值得同情的；那些耻笑他的人却是些势利小人。

十九、维护君主制又一例

定公问："君使臣，臣事君，如之何？"孔子对曰："君使臣以礼，臣事君以忠。"

【讲】定公：昭公之弟、哀公之父，名宋，谥曰定。孔子在鲁国当官时，他正在位。他问君臣间彼此应如何对待，上对下曰"使"，下对上曰"事"。孔子的回答，皇侃《义疏》云"君能使臣得礼，则臣事君必尽忠也"，虽然后世有人不同意，但这是答君问，黄侃的解释还是可取的。然则，臣事君之"忠"不必解释，君使臣之"礼"当如何解释？绝非恭敬退让之谓，而是说要按照"君君、臣臣"的规矩，不能任其僭越，自然也不得以奴隶犬马待之。考虑到鲁国当时的状况，恐怕前一层意思更多一些。

【评】须知孔子是君主制的坚定维护者，除了许多言论，他在定公十三年任司寇时，尝"堕三都"以削弱三桓势力（详见《史记·孔子世家》），亦足以证明。可贵之处在于，他所向往的君主制只是一种空想，即"道之以德，齐之以礼"。

二十、中庸之为美

子曰:"《关雎》,乐而不淫,哀而不伤。"

【讲】关雎:《诗》之首篇。乐而不淫:快乐得恰到好处,不过分。凡事过分便是淫。下句"不伤"亦不过分之意。"乐而不淫,哀而不伤",既是对《关雎》这首诗的评价,也是一种主张,即无过亦无不及,适得其中,也就是中庸。

【评】旧注或云此以《关雎》概言《葛覃》及《卷耳》,或又云概言整部《诗》,此且不论。仅就《关雎》本身而言,窃谓整首节奏明快,复有"琴瑟友之""钟鼓乐之"云云,便是乐而淫;"求之不得"以至"辗转反侧"即是哀而伤。孔子之说,既不合《关雎》实际,更不合整部《诗》之实际,但表明其审美偏好而已。审美偏好,实由其文化思想决定。孔子尝云:"中庸之为德也,其至矣乎!"(《雍也》)本章则意谓:中庸之为美也,其至矣乎!无论从道德或审美角度看,孔子所倡中庸均对塑造中国文化品格具有不可估量的重大影响,有利亦有弊。

孔子言《诗》,多从政教角度,这方面对后世产生的影响消极成分居多。本章则是从审美角度立言,并且恐怕是侧重于音乐，可惜我们见到的只有歌词（即诗）。《礼记·中庸》有云："喜怒哀乐之未发谓之中，发而皆中节谓之和。"孔子此章云云，即是通过对《关雎》的赞美标榜一种中和之美。中和即有所节制，感情的表达别过分。"温柔敦厚"的"诗教"，也是标榜中和之美。这些话未必是孔子所说，但《中庸》成书既在《论语》之后，它至少是受孔子启发，发挥孔子思想。后世文人诗之重婉约含蓄，重意在言外的比兴手法，重情景交融的意境创造，或多或少都与孔子之倡中和有关：这便是它的积极影响，这种影响并不限于柔美一派。其消极影响，过去我已谈过很多，简单地讲就是排斥感情激烈个性鲜明的作家作品；当然历来都有敢于冲破桎梏的大勇者，否则中国文学史就不是今天看见的样子。

中和之美扩大到整个文化，便是提倡中庸之德。中国人历来佩服与世无争的谦谦君子，而不喜锋芒外露和飞扬跋扈的人。在那些谦谦君子当中，确有一些道德学问皆可为师的人，我很喜欢这种人；但也有表里不一的"乡愿"，（按：乡愿，指外貌忠诚谨慎，实际上欺世盗名的人。）这种人现在似乎愈来愈多，都是儒家提倡中庸之德的产物。其实，西方先哲亚里士多德也曾提倡中庸之德，但这对他们后来的文化似乎没有什么影响。相反他们有句格言叫作"全或无"（all or nothing），我年轻时很欣赏，现在仍觉得不坏。这个意思，和中国所谓"狂狷"差不多，这也是孔夫子最先提出，他认为这种品格比中庸低一等。前些年我鼓吹过"狂狷"品格，自以为是发难。最近读到郭绍虞一本论文集，发现他早在20世纪40年代就鼓吹过，意思和我差不多，然则发明权应属于他。我这是指现代人。古人当中鼓吹狂狷的不乏其人，例如汤显祖便说过"宁为狂狷,毋为乡愿"(《〈合奇〉序》),都属于"异端"。

无论就审美或就道德品格而言,儒家所主张的中庸本身均无可非议,作为一种理想它还具有永恒的价值。但当它成为"官学"而排除异己,就成了文化发展的桎梏。说到底,我反对的是中庸之说的"官学"地位。只要没有"官学",你主张中庸,我主张狂狷,相互争论以至谩骂都不要紧,学术正是在争论和谩骂中发展的。

话说回来,中国受"中庸"统治的时间实在太长,谦谦君子实在太多!真希望多出些飞扬跋扈的人,文学上也多出些乐而淫、哀而伤、怨而怒的作家作品。当然,不能是向西方学步,而必须立足于无比丰富而深刻的中国文化传统,由此出发,向前迈进。

二十一、既往不咎

哀公问社于宰我。宰我对曰:"夏后氏以松,殷人以柏,周人以栗,曰使民战栗。"子闻之,曰:"成事不说,遂事不谏,既往不咎。"

【讲】社:土地神,祭土地神亦曰社,也可指祭土地神之所。古代建国必立社,以祀其地神。宰我:姓宰,名予,字子我,孔子弟子。哀公问社,不知何意,宰予回答是指社主。古代祭神,以活人装扮为象征谓之尸,以木制牌为象征谓之主；或又曰"各树其土之所宜木以为主"（朱注）。宰予在说明了夏、殷、周三代社主之不同后，又特别解释了周以栗木为社主的含义。孔子听了以后所说的三句话，意思差不多：已经过去的事，就不要评说，不要提意见，不要责备了。其实这正说明他对这事十分不满。为什么？或谓哀公所问与宰予所答均为隐语，他们是在商量如何对付三桓，而孔子知哀公无能恐其轻举；或谓是针对"使民战栗"这句话；窃谓也可能是因为宰予所对非所问。

【评】本章字面上容易了解，实际含义却无法断定，只能存疑。值得注意仅在"既往不咎"这句话，至今仍为常用成语。既往不咎，是孔子针对宰予讲错了话说的，绝非什么事都可以既往不咎。

二十二、孔子贬管仲

子曰："管仲之器小哉！"或曰："管仲俭乎？"曰："管氏有三归，官事不摄，焉得俭？""然则管仲知礼乎？"曰："邦君树塞门，管氏亦树塞门。邦君为两君之好有反坫，管氏亦有反坫。管氏而知礼，孰不知礼？"

【讲】管仲：姓管，名夷吾，"仲"可能是因其兄弟排行的称谓，春秋前期大政治家，齐桓公宰相，"富拟于公室"而"齐人不以为侈"（《史记·管晏列传》）。管氏有三归官事不摄：此句注家颇有异议，兹采清人俞樾《群经平议》之说："管仲家有三处；一处有一处之官，不相兼摄，是谓官事不摄。"按管仲位为大夫，此之谓官指其家臣。又按此以"家有三处"解三归，与汉人"娶三姓女"之说实不相悖。树塞门：立短墙于大门口（天子立于门外，诸侯立于门内）以别内外，相当于后来的照壁。树，屏（实指短墙）；塞，蔽也。反坫（diàn）：反爵之坫，土筑的小台子，位于堂前两楹之间。诸侯国君友好相会，宾主间行酢酬之礼，在饮过对方所献酒后，便将空爵反置于坫，故曰反坫。而：假设连词，用同如。

孔子说管仲器量很小；或人误解其意，因以"俭"问；于是孔子举出管仲家有三处，各有家臣，说明其不俭；或人又误解其意，复以"知礼"问；于是孔子又以管氏门有树塞、堂有反坫为例，说明其僭（不知礼）。既不俭又不知礼，故言其"器小"。孔子借答或人之问，正好对自己前边的话做了解释。然则其所谓器，用我们今天的话说，就是一个人的思想境界了。按：齐桓公之能成为诸侯霸主一匡天下，乃端赖管仲之佐。唯其功高位尊（桓公称之为仲父），在孔子看来更应自奉俭朴保持谦逊，而他却既奢且僭，可见其思想境界不高。

【评】孔子评管仲在《论语》中共四处，此其一，"器小"，评价极低；可是在另外三处（均见《宪问》篇）评价又极高。因为存在这种矛盾，前人于此有"功有余而德不足"的解释。按《宪问》中有关三章，孔子不但盛赞管仲之功，亦盛赞其德，"如其仁，如其仁"（言其不以兵车九合诸侯），这就是了。以某观之,孔子对管仲褒贬不一,是因为他自己思想观点有变化,何况其所评管仲又是个复杂的人物!所以不奇怪,用不着圆其说,为之找出合理解释。须知任何人的品格和思想,都不是只有一面而是有两面或多面,即都是诸多矛盾的统一体。一贯正确的"圣人"是并不存在的。

二十三、孔子知音者

子语鲁大师乐,曰:"乐其可知也:始作,翕如也;从之,纯如也,皦如也,绎如也,以成。"

【讲】大师:乐官名,按《周礼·乐师》,乐师之下有大师、小师。大师职务,大致相当于今之乐(歌)队教练兼指挥。孔子"恶郑声之乱雅乐"(《阳货》),又说"吾自卫反鲁,然后乐正,《雅》《颂》各得其所"(《子罕》)。本章便是他教鲁国乐队指挥如何正确演唱。始作,翕如也:始作谓奏金(鼓钟)。钟声起,人皆为之肃然。翕,合也;如为语助,无义。从之,纯如也:从,读如纵。鼓钟之后,八音(八种乐器)齐奏,乐声由此放开。纯,和谐,言歌者升堂唱诗,人声、器声相和谐也。皦如也:皦,清亮。升歌之后,继之以笙,奏笙有声无辞,而笙音清亮,故曰皦如。绎如也:绎,连续而有序。此言间歌与合乐。间歌谓歌诗与奏笙间代而作。合乐即在乐器伴奏下众人合唱。以成:一套音乐于是完成。以,用,即用上面所说四项程序。

【评】以上所说，乃据前人注解择善而从并加以归纳。其实前人也是根据相互矛盾的文献加以推测，谁也无法确知孔子的意思。可以肯定的是孔子对音乐十分内行，这也是他比后世孟子高明的地方。不过，孔子音乐思想很保守，"闻《韶》三月不知肉味"(《述而》)，主张"放郑声"(《卫灵公》)，即推崇古典，排斥民间音乐；这也是他的中庸思想的表现，不可不知。

二十四、天涯何处无知己

仪封人请见，曰："君子之至于斯也，吾未尝不得见也。"从者见之。出，曰："二三子何患于丧乎？天下之无道也久矣，天将以夫子为木铎。"

【讲】仪封人：仪，卫邑，在今河南省兰考县，或说为开封市；封，边界；封人即镇守边界之长官。他说，凡有君子到了这里，我从没有不见面的；言外是说，他非见孔子不可。于是孔子弟子（从者）使孔子见了他。和孔子见面之后出来，他对孔子弟子说了几句很动感情的话。何患于丧，是叫他们别以孔子之丧失官位为患；因为天下无道已久，天将降大任于你们老师，使其布道于天下。木铎，金口木舌之大铃；古者天子发布政令，先振木铎以召集听众。

按《史记》，孔子于定公十四年（五十六岁）为鲁司寇行摄相事，去鲁之卫，在卫十月又去卫适陈；仪之封人请见，当在此次入卫或去卫时。此封人一见孔子便称叹如是，宜乎朱熹所说"盖贤而隐于下位者"。

【评】此章不但文字洗练，而且省略了中心环节（仪封人与孔子的对话），只写头尾，却能发人深思，使人感动。今之小说家如能悟出其中三昧，写作当大有长进。

二十五、孔子的审美理想

子谓《韶》："尽美矣，又尽善也。"谓《武》："尽美矣，未尽善也。"

【讲】《韶》为歌颂虞舜的乐舞，《武》为歌颂周武王的乐舞。孔子认为前者尽善尽美，后者尽美却未尽善。须知舜以文德受禅于尧，而武王却以兵力革纣之命，大概这种差别在乐舞中也表现出来，所以孔子认为后者之"善"不如前者。从对乐舞的评价上，也可看出他重"德"轻"力"的一贯思想。

【评】吾尝云：思想与艺术在作品中原是一个东西。思想是通过艺术来实现，反之艺术也不可能没有思想。没有思想的"艺术"只能是杂技，我就从不承认杂技是一门艺术（黑格尔也不承认），它只能提供娱乐。没有艺术的"思想"则存在于过去曾大量出现、现在也还没有绝迹的"主题先行"的作品中，这种作品连娱乐也提供不了，因为根本没人看，不知该叫作什么东西，20世纪50年代我就是因为反对这种东西被打成右派的。

将思想与艺术分开，认为存在思想性强艺术性差，或艺术性强思想性差的作品，这是不懂艺术的人说的外行话。说这种话的不是真不懂艺术，而是出于功利目的，使艺术作品为政教服务才这样主张。几十年来出现那么多谁也不愿看的作品，浪费了那么多人力和纸张，当时领导人是不能辞其咎的。孔夫子也主张文学艺术为政教服务，但他不掌权，在当时没那么大威力。

本章对《武》的评论，也是将思想与艺术分开。实际上，思想与艺术都是从审美中悟出，大概这种乐舞有些颂扬武功的段落，孔子不喜欢，所以说它未尽善；未尽善怎能说尽美呢？他说得不准确，或是出于什么缘故故意这么说。

以某观之，真、善、美应是审美评价的普遍标准。孔子仅及美与善，未及真。在别处他曾谈到"情欲信，辞欲巧"（《礼记·表记》），信便是真，但那是讲形式与内容的关系，尚不足以言审美。在审美中，真、善、美各有独自品格而又三位一体，犹如基督教之圣父（God）、圣子（Jesus）与圣灵（Holy Spirit），无法分开。孔子不言真，因为他还不懂得伪。道德中的伪（乡愿）之为害（德之贼也）他懂，艺术中的伪却不懂。大概那时候的乡愿还不会搞艺术，现代的乡愿可是什么职业都有。

尽美、尽善，这是孔子的审美理想，也是中国历史上最早出现的艺术（乐包括诗、乐、舞）批评标准。

二十六、孔子又在发牢骚

子曰："居上不宽，为礼不敬，临丧不哀，吾何以观之哉？"

【讲】按孔子思想，上待下主宽，礼主敬，丧主哀；可实际见到的常与此不合，"吾何以观之哉"，言外是说他实在看不下去。这也是不满现实的牢骚。

【评】《八佾》篇中讲"礼"的章节最多，而讲"礼"又总是发牢骚，这就说明他的"齐之以礼"的主张根本行不通，只能是空想。作为一种治国平天下的政治主张固然行不通，但从文化思想上看自有其重要价值，讲礼不但是调剂人际关系的重要手段，也是社会文明进步的表现。

PART 4

里仁第四

一、择邻而居

子曰："里仁为美。择不处仁，焉得知？"

【讲】里仁为美：住在有仁厚之俗的地方为好。里，居处，用作动词。择不处仁：不择仁而处也。焉得知：焉得谓知。知，通智，明智。

【评】孔子主张择邻而居，这对孟、荀以至近世都有很大影响。康有为有云："若不择仁里而居恶邻，其不善自谋，且不为家人子孙谋，不智甚矣。"道理固然不错，但有个问题：剩下那些"恶"人怎么办？"择仁而居"，其结果岂不是道德上的两极分化？从孔子到康有为都是为天下谋的圣人，不知为何竟没想到这问题。

这问题对我们今天根本不存在，因为无论住处或单位环境都不是自己可以选择的；对大多数人来说情况如此。因此我主张自强与慎独。

二、安仁与利仁

子曰:"不仁者不可以久处约,不可以长处乐。仁者安仁,知者利仁。"

【讲】前言不仁者,后言仁与知者;前后对照,以诱导人心向仁。约与乐,均指处境,约言其穷也,乐言其富也。人如不仁,则无论穷富皆不可久处;久穷必滥,久富必淫必骄(此言外意)。仁者安于其仁,穷则固穷,富能好礼,随遇而安,无适不然矣。知(智)者利仁:利,贪也。不贪荣华富贵而贪仁,亦可解为以仁为利,意思一样,均足见其目光远大,故谓之智者。

【评】安仁与利仁,朱熹认为有"深浅之不同",我谓不然。按《论语》中经常将仁与知(智)并举,都是角度不同,当然孔子更重视仁。但本章说智者以仁为利,含有选择之意;难道仁者之安于仁就不经选择,而是天生的吗?不管孔子之意如何,窃谓先须以仁为利,方能安于仁,仁者也就是智者。余尝云:人世间无所谓好人与坏人,只有聪明人与蠢人。一个人的道德面貌,归根结底取决于他的价值取向,即思想境界。只有这样认识问题,才能把道德追求与宗教信仰分开。

三、好好，恶恶

子曰："唯仁者能好人，能恶人。"

【讲】好、恶皆读去声。好人、恶人，谓好人之好（上声）、恶人之恶（è）；孔子认为这只有仁者能做到。

【评】好恶之心人皆有之，但又容易受私心蒙蔽，于己有利者便觉得是好，于己不利者便觉得是恶，故所好所恶往往失其正。孔子此所谓好恶，应是排除了私心为他人着想，与"君子成人之美，不成人之恶"同义，确乎不容易做到。

四、志于仁则无恶行

子曰："苟志于仁矣，无恶也。"

【讲】苟：如。志：内心向往。恶：指恶行。孔子认为，一个人如果诚心向仁，便不会干坏事。

【评】康有为注此章有段话说得极好："孔子万理并发，

学者学之几不得其门，惟以志仁为主，则无大失。"仁者爱人，道理简单，真要做到却难。"虽不能至，心向往之"，志于仁，虽仍难免过失，但不会蓄意行恶，则是可以肯定的。今天的法律，也是把过失与蓄意犯罪分别，良有以也。

五、君子须时时处处守仁不违

子曰："富与贵，是人之所欲也，不以其道得之，不处也。贫与贱，是人之所恶也，不以其道得之，不去也。君子去仁，恶乎成名？君子无终食之间违仁，造次必于是，颠沛必于是。"

【讲】此章分两节说。不以其道得之，谓不以正当方法得之者。富贵乃人之所欲，不以正当方法得之则不处，不处即去也；贫贱乃人之所恶（wù），不以正当方法得（去）之则不去，不去即处也。此节言外有审富贵而安贫贱之意。下节承上，言君子所恃者仁，不独富贵贫贱之去处，以至成名与否，以至终食之顷，以至造次、颠沛之际，皆守仁不违。恶（wū）乎，何处。终食，一饭之顷。造次，匆忙仓促之时。颠沛，坎坷困顿之际。

【评】孔子学说可贵之处，就在合情合理，切实可行。如本章所说，富贵皆人之所欲，贫贱皆人之所恶；君子也是人，亦欲富贵而恶贫贱；君子之异于小人，在于去处有原则（道）；这个原则便是"仁"，无论富贵与贫贱，成名与否，以至时时、处处，均须坚持。须知"仁"既是孔子学说一以贯之的核心，也是他所标榜的很难达到的标准。〔孔子也有偶像，但非神而是人——圣人。〕这里却说凡君子（非小人）都应该做到，可以做到，随时随地都要做到。孔子说这番话显然是充满感情的，我们也应该充满感情地去感悟。没有感情即没有悟性，用佛家的话说即无"慧根"，别说情操，做学问也只能是庸碌之辈。

六、世无仁者的感慨

子曰："我未见好仁者、恶不仁者。好仁者，无以尚之！恶不仁者，其为仁矣，不使不仁者加乎其身！有能一日用其力于仁矣乎？我未见力不足者。盖有之矣？我未之见也。"

【讲】和上章一样，这也是很动感情的一番话。他说他未见好仁者与恶不仁者，前者"无以尚之"，后者"其为仁矣，不使不仁者加乎其身"，可见其所说二者都是仁者。他深感现实中缺乏这种人，以至问道：有谁哪怕能有一天致力于仁吗？"我未见力不足者"，意谓谁都有力量做到，但是谁都不愿这样做。最后又稍稍缓和一下语气说：也许有这样做的人吧？只是我没见到。

【评】孔子说他连"一日用其力于仁"的人都没见过,我们不禁要问:你的学生颜回不就可以"三月不违仁"(《雍也》)吗?你不是说过"君子无终食之间违仁"(《里仁》),难道在你周围都是些小人,连一个君子也没有吗?这也是讲不通的。我们知道,孔子对他的很多学生,评价是很好的,他称他们为君子。比如他称宓子贱——"君子哉若人!"(《公冶长》),同样的话还用来称赞南宫适(《宪问》),而且把他的亲侄女嫁给他(《公冶长》)。我之所以问难,固然不是要孔子回答,而是向你们揭示:学习孔子学说,不能仅凭逻辑推理,还必须了解孔子其人,知人论世,方能把握其学说之实质与精髓。中、西方学问之不同往往就在此。就拿本章与上章来说,以某观之都是感情冲动时说出的话,因此都不免有些过激。上章是说理所当然,本章是说其实不然。理所当然而其实不然,故颇有感慨,感慨中说出的话就难免过激;而他对于"仁"之执着、坚信与向往亦因此更充分地表现出来,难道不是吗?前面说过,孔子标榜中庸,其实他自己的性格并不那么中庸;这两章的过激言论即可为证,往后还可见到许许多多证据。"中庸"乃儒家学派的重要主张,而这学派却是由并非中庸的人建立,这不很值得玩味吗?

七、观过亦可知其人品

子曰:"人之过也,各于其党。观过,斯知仁矣。"

【讲】党:类也。斯:则,承接连词。朱熹引程颐曰:"人之过也,各于其类。君子常失于厚,小人常失于薄;君子过于爱,小人过于忍。"故观过亦可知其仁与不仁。

【评】人皆有过,仁人君子亦不免;此亦合乎情理之说。但君子不能有小人之过,小人亦不会有君子之过,故观过即可知其人品;这也是浅显的道理。康有为甚至认为,愈是仁厚之人愈容易有过失;亦不无道理。我就常从一些人的"过失",看出他身上的好品质。

八、生命不息,闻道不止

子曰:"朝闻道,夕死可矣!"

【讲】此章关键在"闻道",何晏曰"言将至死不闻世之有道"，皇侃、邢昺等人均从此说。但后世多数注家都认为此章乃孔子自言己之尚未闻道，我同意这种看法。然则"道"何谓？朱注说为"事物当然之理"，可从；康注说为"魂灵死生之道要"，则妄，孔子从不言死后之事。"夕死可矣"但为强调闻道之重要，也是动感情的话，即今所谓文学语言，不必作逻辑上的推敲。

【评】人之死既不可预知，活着时就不妨说些"只要"如何如何死而无憾的大话；但可见其对"只要"如何如何之执着追求。

九、有志于道者不讲究吃穿

子曰："士志于道，而耻恶衣恶食者，未足与议也。"

【讲】士：尚未做官的读书人。道：这里泛指学问。朱注云："心欲求道，而以口体之奉不若人为耻，其识趣之卑陋甚矣，何足与议于道哉！"又，孔子曾称道子路"衣敝缊袍，与衣狐貉者立而不耻者，其由也与"（《子罕》），可与此章相发明，足见孔子所说士人应有之节概。

【评】士人的吃穿总不如当官的，拿今天来说也不如做

113

买卖的。但是，比如说，要出席个什么会议，当然要尽量穿得好点，别故意摆出名士派头。如果做不到，就穿一身旧衣服去亦无妨，在冠冕堂皇者跟前并不觉得低人一头。因为"志于道"者自有所恃，有恃则无恐，只要讲得好，人家照样鼓掌。这是现代知识分子也该有的心态和风度。

十、无可无不可，但以义为从

子曰："君子之于天下也，无适也，无莫也，义之与比。"

【讲】适（dí）：专主也。莫：不肯也（以上用朱注）。君子立足天下，无所专主亦无不肯，即无可亦无不可；然则此与庄子一样了？非也！重要的还在下句："义之与比"，比，从也，依据也。可与不可，但以义为依据。义，宜也；宜与不宜则以仁为依据。仁与义原是一回事，只是仁偏于理，义偏于情；仁偏于内存，义偏于外务。〔有仁心方有义举〕后来孟子将仁义连缀，良有以也。

【评】对人对事，可与不可均应以义即仁为依据，此亦古今通义。

十一、德治与刑治

子曰:"君子怀德,小人怀土;君子怀刑,小人怀惠。"

【讲】此处君子指统治者,小人指百姓。统治者怀德即以德治国,百姓则依恋乡梓安土重迁;统治者怀刑即以刑罚治国,百姓则思他国慈惠之君而不安于本土。按此章言人人殊,以上主要采俞樾《群经平议》之说,虽然第四句增义多一些,却符合孔子一贯主张。

【评】此章与"道之以政"章(《为政》)参照,足见其重德轻刑的主张。

十二、孔子对"利"之偏见

子曰:"放于利而行,多怨。"

【讲】放,依也。朱熹引程颐曰:"欲利于己,必害于人，故多怨。"较合原意，后之注家亦多从此；或将"怨"解为己怨，或解为他人之怨，均可通。

【评】此所谓利仅指私利，若为公利则应谓义。"君子喻于义，小人喻于利"(《里仁》)。从孔子开始，儒家一贯重义轻利，"唯利是图""见利忘义"便都是小人。这种道德观念，对塑造中国民族文化品格影响至巨，既有积极一面，也有消极一面。

趋利避害，乃万物生存本能，人类也不例外，并且都是从一己之私利出发。人之区别于动物，就在私利须受公利约束，这种约束在道德上便叫作义；你如不受道德约束，那就得受法律条规约束，正确的法律条规即代表公利。中国儒家重德，法家重法，都是为维护公利。至于杨朱所说"人人不损一毫，人人不利天下，天下治矣"，实属玄远之学（虽然当时还没有玄学这名目），不可解。要之，一己之私利不能不受社会公利约束，但不能因此忽视以至否定私利之合理性。

程颐所谓"欲利于己，必害于人"，远不符合实际。工人做工、农民种地、科学家之创造发明、学者之著书立说等，皆欲利于己而无害于人，相反是有益于人；当然，比如当官的贪赃枉法，做买卖的尔虞我诈，欲利己而必害人的例子也能举出许多，不可一概而论。再者，什么是利，还存在一个价值判断问题。俄国作家车尔尼雪夫斯基宣传"合理的利己主义"，写了本小说叫《怎么办》，主人公都是道德高尚的人物，专门做好事，可在他们自己又都是出于利己的动机。比如把心爱的老婆让给朋友，为使他们结合，自己伪装自杀远走美洲，获悉对方结婚后又托人捎信说明真相以免其内疚。你看他行为多高尚，在他自己却仍然是根据"利己"原则做出的最佳选择而已。据作者解释，为利己甚至可以舍身，也就是说人生还存在比生命更高的价值。其实，具有这种价值观的人在中国多得很！那些被贾宝玉嘲笑为"文死谏，武死战"的人便都是，在中国叫作"舍身取义""杀身成仁"；在他们看来，仁与义比生命价值更高，才会为之舍身杀身。说到底，人的行为无不是从利己动机出发，既可能是卑劣的也可能是高尚的，关键取决于价值观即思想境界。

放利而行本身无可非议，人人如此。

十三、礼主敬而以让为实

子曰："能以礼让为国乎？何有？不能以礼让为国，如礼何？"

【讲】让者，礼之实。何有，言有何难。能以礼让治国，则治国不难。今治国者皆以争杀为务，不能以礼让，礼已徒具形式而无其实，还有何用呢？如礼何：奈礼何，意思是说礼已无用；这种句式在《论语》中颇多。

【评】美好的空想。［前面说过，须先争后让，争中有让。］

十四、首先要有真才实学

子曰:"不患无位,患所以立。不患莫己知,求为可知也。"

【讲】此言不以无位为患,而以在位无所建树为患;不以无人了解为患,但求有为人了解之实。按第四句有省义,"求"非求诸人,而是求诸己。

【评】本章针对做官而言("求为可知"也是为做官)。推而广之,无论做什么事,都首先要有真才实学,这在今天看来也是对的。

十五、忠恕即仁

子曰:"参乎!吾道一以贯之。"曾子曰:"唯。"子出,门人问曰:"何谓也?"曾子曰:"夫子之道,忠恕而已矣。"

【讲】本章很精彩，也很重要。孔子对曾参说，他的学说有个一以贯之的核心，是什么却不讲，要对方自己去领悟。曾参不答也不问，但连忙称是（唯）。等孔子出去后，别的门弟子问曾参孔子说的什么，于是曾参答道：先生的学说，忠恕二字尽之矣！

曾参所说固然合乎孔子思想。但历来注家对忠恕的解释皆不得其要领。窃谓忠恕便是仁，也可说为实现仁的方法（途径）。

孔子还曾问子贡："女以予为多学而识之者与？"对曰："然，非与？"曰："非也！予一以贯之。"（《卫灵公》）另一次子贡问："有一言而可以终身行之者乎？"子曰："其恕乎！己所不欲，勿施于人。"（同上）一次仲弓问仁，回答也是："己所不欲，勿施于人。"（《颜渊》）又答子贡问则曰："夫仁者，己欲立而立人，己欲达而达人。能近取譬，可谓仁之方也已。"（《雍也》）将以上意思加以归纳，可见仁者爱人，其实也就是推己及人。从积极方面讲，"己欲立而立人，己欲达而达人"，便是忠；从消极方面讲，"己所不欲，勿施于人"，便是恕；忠与恕都叫作仁，这就是孔子之道"一以贯之"的核心。

【评】孔子学说千头万绪，一以贯之是一个"仁"字，析而言之又分忠与恕两方面；忠与恕都是推己及人，即都是以承认个人利益之合理性为前提，认识这点对全面了解孔子是非常重要的。

基督教箴言中有所谓"黄金律"，也分正反两面，大意是：你愿意人怎样对待你，你也要怎样对待人；你不愿人怎样对待你，你也别怎样对待人。几与中国儒家忠恕之说无别。凡属自然之理，古今中外多不约而同也。

十六、重义轻利

子曰："君子喻于义，小人喻于利。"

【讲】喻，明也。此章君子与小人之分，言人人殊，大抵汉儒以为指地位，宋儒以为指人品；后之注家各有所从，或兼存两说。窃谓指人品较符合原意。因为孔子的大量言论说明，他认为卿士大夫中有许多见利忘义的小人，而庶人亦能成为舍生取义的君子。

【评】孔子思想局限在于对"利"的轻视，关于这点前边已有评论。

十七、贤与不贤皆可为师

子曰："见贤思齐焉，见不贤而内自省也。"

【讲】思齐：愿与之相等。内自省：自我反省（看是否也有同样的缺点）。

【评】思齐与内省，不失为自我修养好方法。真正做到可不易，与人相处一旦受私心蒙蔽，对其贤与不贤就难以做出公正评价，甚或嫉贤妒能而接近不肖者。所以我在前面说，要对人做出正确评价，须将私心排除在外。

十八、敬而无违乃孝道之根本

子曰："事父母，几谏。见志不从，又敬不违，劳而不怨。"

【讲】几谏：小心翼翼地提意见。当然是在父母有过失的时候。几，微也。见志不从，又敬不违：此二句当从何晏引包咸解释："见父母志有不从己谏之色，则又当恭敬，不敢违父母意而遂己之谏。"劳而不怨：谓侍奉父母如常，不以其不从己见而有怨色。按朱熹解后二句，有"悦则复谏"云云，对其后注家影响很大；这样解释自然更"合理"，但增义太多，恐与原意不合，故不采。

【评】见《学而》篇"其为人也孝弟"章评语。

十九、孝道箴言

子曰:"父母在,不远游,游必有方。"

【讲】游必有方:承上言若必远游,则须有一定方向,"欲亲必知己之所在而无忧,召己则必至而无失也"。(朱注)

【评】本章所说,表达出对父母至真至纯的感情,这便是中国的孝道文化,为人子者宜牢记也。以今观之,"远游"是件好事,做到"游必有方"就行了。重要的是感情上的牵挂。须知亲情与桑梓情、故国情是紧紧连在一起的,无论何时何地,想到"父母之邦"便会自然而然地动感情。今日华裔遍天下皆念念不忘故土,就是靠孝道文化的凝聚力。

二十、无标题

子曰:"三年无改于父之道,可谓孝矣。"

按:此章重出(见本书第 23 页),讲与评均见《学而》第十一章。

二十一、孝子之至情

子曰:"父母之年,不可不知也。一则以喜,一则以惧。"

【讲】前二句,言父母的年纪和生日不可忘记。年,当兼指年纪与生日。知,犹记忆也(从朱注)。下二句,言每逢父母生日的矛盾心情,既以其寿高而喜,又以其来日无多而惧。

【评】记住父母年纪,每逢生日庆贺一番,这只是形式。唯其喜惧交集,方见孝子之至情。这种感情当然只能藏在心里,表现出的只是喜。

二十二、言不轻出,恐行之不及

子曰:"古者言之不出,耻躬之不逮也。"

【讲】言之不出:言不轻出也。耻躬之不逮:躬,指躬行。不逮，不及。此句承上，言古人所以言不轻出，是以行动跟不上为可耻，即唯恐行动跟不上。

【评】在言与行的关系上，孔子总是把行看得更重要。这种观点自有其合理性，亦不无偏颇，已见前评。本章举古人，实为警今人。用古人来吓唬今人，这也是他老先生经常采取的方法。

二十三、以约自守则少失

子曰："以约失之者鲜矣。"

【讲】约：约束检点，不放纵。人能以约自守，则所失者少矣。

【评】此章仍是教人谨言慎行，别过头，过必失。所谓中庸，即无过无不及，但孔子总是谆谆告诫"过"而罕言"不及"。孔子地下有知我就要问：难道为仁为孝也怕"过"吗？恐怕他就回答不了。我是想说，谨言慎行并不总是一种好品格，适于守成但不适于创业。

二十四、强调慎言过了头

子曰:"君子欲讷于言,而敏于行。"

【讲】讷(nè):说话迟钝。君子宁肯说话迟钝而做事勤敏。

【评】此前孔子已有不少重行轻言的言论,此章则把这意思说到了家,甚至是"过"了,所以我说孔子自己并不具有他所主张的中庸品格,此又一例。我现在当教师,又想当君子,"欲讷于言",说话结结巴巴,又怎能敏于讲课之"行"呢?孔子当年教学生,虽不必像今天一样上大课,"欲讷于言"总不行;再者周游列国,虽不必像孟子那样善辩,"欲讷于言"也不行。可见这主张他自己就没有实行,不可能实行,别人也实行不了。

康有为曰:"凡人言易而行难,故圣人因病而药之。"这解释不能成立。首先,立言匪易,言也是行,这道理前边讲过。再说,孔门弟子中既有子贡那样太爱说话的人,也有颜渊那样太不爱说话的人,对于后者为何从不"因病而药之"?平心而论,说话慎重固然很好,但把它强调得过头,以至主张"欲讷于言""其言也讱"(《颜渊》),其本身便不慎重,成为过激之言了。

二十五、孔子自叹自励之辞

子曰:"德不孤,必有邻。"

【讲】朱注:"有德者必有其类从之,如居之有邻也。"仅把话的意思讲清楚了。康注进而指出:"此为立德者孤立无助言之。"很深刻。其实还可以更进一层,将其理解为孔子自叹自励之辞。

【评】有德者必有邻,从长远看来如此。但有德者也必有感到孤独之时,其德行与其"必有邻"的信念也正是在这时充分显示出来。所以我说康有为说得深刻,大概也有他自己的感受在里边吧。

二十六、谏而不数

子游曰:"事君数,斯辱矣;朋友数,斯疏矣。"

【讲】数(shuò):屡次,多次,此处指劝谏之烦渎。

斯：连词。朱注引胡氏曰："事君谏不行，则当去；导友善不纳，则当止。至于烦渎，则言者轻，听者厌矣，是以求荣而反辱，求亲而反疏也。"

【评】本篇前此二十五章均记孔子之言，而以论仁为主，其中数章特言孝，本章则记子游之论事君与交友。孝为仁之本，君臣、朋友之道亦属仁道之内，可见编者编辑此篇不无用心；至于各章之间的联系，那是谈不到的。

俞樾《群经平议》于此章有云："唐宋以来，以犯颜极谏为人臣之盛节；至有明诸臣，遂有聚哭于君之门者。盖自古义湮，而君臣朋友之间所伤多矣。"他是赞成子游的主张的。康有为则认为，此仅为"交浅者言之"，至于托孤寄命之君臣，或当大事而相投之友，则不得以此论矣。今天君臣关系已不存在，但以朋友关系而言，为免取辱遭疏而不"数"的主张也不值得称道，不过是教人一点人情世故罢了。或者这也是中庸思想的表现吧。

PART 5

公冶长第五

一、孔子择婿

子谓公冶长："可妻也,虽在缧绁之中,非其罪也。"以其子妻之。

【讲】公冶长:姓公冶,名长,字子长,孔子弟子。妻:作动词,读去声。缧绁(léi xiè):绳索,指代监狱。子:子女,此处指女。孔子认为公冶长虽然被系于狱,但"非其罪",是受了冤枉,所以愿意把女儿嫁给他。后来果然把女儿嫁给了他。

【评】孔子的意思,当然不是说凡冤枉坐牢的都可当女婿,而是说这不应成为择婿的障碍。孔子选中公冶长自有其正面理由,但这里没有讲,此人在《论语》中出现也仅此一次,故不得而知。或谓此人解鸟语(见皇侃《义疏》引),沈佺期《同狱者叹狱中无燕》:"不如黄雀语,能雪冶长猜。"白居易《池鹤八绝句·序》:"予非冶长,不通其意。"可见传说之流行。即便可靠,也不会是孔子看中他的理由。理由总是有的,不外德与才两方面,孔子更重视德。可贵的是,他对公冶长的选择表明,他之重德不以官家是非为是非。

二、孔子择婿其二

子谓南容："邦有道，不废；邦无道，免于刑戮。"以其兄之子妻之。

【讲】南容：姓南宫，名适（kuò），字子容，孔子弟子。邦有道：谓治世。邦无道：谓乱世。孔子认为南宫适如遇治世可以做官（不废），遇乱世亦能自保（免于刑戮），即既有才德又稳当可靠，所以决定把亲侄女嫁给他。

按《集注》本将此章与上章合为一章，今仍据《注疏》本分为二章。

【评】除此之外，南宫适在《论语》中还出现过两次，孔子对他评价都很好，认为他"尚德"并且是谨言慎行的人。或曰：公冶长之贤不如南宫适，孔子以己女妻之，而以兄女妻南宫适，"盖厚于兄而薄于己"；此纯属臆度，程颐早有驳斥。不过，以今观之，选公冶长的确需要很大勇气，选南宫适则无足称道，谁择婿也是选人品既好又可靠的人。

三、君子必有良师益友

子谓子贱："君子哉若人！鲁无君子者，斯焉取斯？"

【讲】子贱：姓宓（fú），名不齐，字子贱，孔子后期弟子，小孔子四十九岁。曾为单（shàn）父宰，以"弹鸣琴，身不下堂而单父治"闻名。若人：此人。主谓倒换是为加强语气。孔子说宓子贱，先赞叹他是个君子；接着说如果鲁国没有君子，他从何取得他成为君子的美德呢？斯：指示代名词；前代子贱，后代其美德。

【评】孔子论人，总是把人品放在首位，受到他称赞的弟子并不少。这里值得注意的，是他从宓子贱联想到环境的影响。其实，无论德与才，环境熏陶都很重要，优秀人物往往不是一个而是成批地出现，道理就在这里。孔子似乎更重视地理环境，以今观之，则时代环境更重要。当时的鲁国，不过现在半个山东省，随着交通与信息科学的进步，地区差异的意义已愈来愈小，而共同的时代制约却愈来愈重要。大率而言，20世纪自然科学突飞猛进，人文科学（包括伦理道德）成就不大，好像再变不出新的花样；不仅某国某地如此，而是整个世界如此。所以今天看问题必须放眼全人类,不能局限于中国,更不能局限于某省,要成大器就非达到世界水平不可!良师益友的熏陶固然十分重要,但不能局限于周围环境;尽管不认识某人,读其书诵其文受其影响,他便是你的良师益友。

四、对子贡的评价

子贡问曰:"赐也何如?"子曰:"女,器也。"曰:"何器也?"曰:"瑚琏也。"

【讲】子贡大概是因为听见孔子评论了许多同学,有点沉不住气,所以问:"我怎么样呢?"须知孔子赞许人总是在背后,从不当面表扬谁(指总体评价)。听了子贡提问,可以想象他沉吟片刻,然后笑答道:"女,器也!"子贡听了一定很沮丧,因为"君子不器"(《为政》),别人都是君子,自己不过是个专门人才(器)。于是又问:"何器也?"我是个什么专门人才呢?孔子仍然以比喻作答:"瑚琏也。"你就像美丽而贵重的瑚琏。瑚琏,宗庙祭祀用来盛粮食的器具,竹制而以玉为饰。这个回答很妙,既富幽默感而又有分寸,若将子贡之才比作普通器具就不行。子贡听了这回答也得到些安慰:虽只是个器,毕竟还是器之贵重者。旧注或云:以瑚琏为喻,是把子贡比作廊庙之材;恐非是,那是注家根据子贡后来事迹所出的推测。其实,子贡后来的表现(存鲁,乱齐,破吴,强晋而霸楚),

133

也并不符合孔子的要求。将其比作瑚琏，不过是恰如其分的诙谐罢了。

【评】此章总共21字，不但对话精彩，还有丰富的言外意。细加品味，则孔子的智慧，子贡的性格以及双方的音容，均活脱如现。现代作家可由此学习写对话。

孔子论人，一向是把道德修养放在第一位，才具则其次，并且素不喜口齿伶俐的人，所以对子贡不可能评价很高。瑚琏虽属贵器，毕竟只是器。以今观之，孔子轻视专门人才（器）的观点要不得；关于这点前面已经谈过。不过，孔子自己可是多才多艺的人，难道他会轻视自己吗？是啊，孔子自我评价并不很高，这也正是他的卓越之处。

五、口才无关紧要，太会说话反而不好

或曰："雍也仁而不佞。"子曰："焉用佞？御人以口给，屡憎于人。不知其仁。焉用佞？"

【讲】雍：姓冉，名雍，字仲弓，孔子弟子。佞：能说会道。御：犹今所谓对付。口给（jǐ）：随口供给，口齿伶俐也。有人说："冉雍这人有仁德但没有口才。"孔子听了说："何必要有口才？用口齿伶俐来对付人，往往遭人厌恶。我不知他是否有仁德。但何须有口才？"

【评】孔子素不喜能说会道者,有人竟将"不佞"视为缺点,所以发了一通议论。这通议论除表明他轻视口才,还表明他不轻易以仁许人;这在他都是一贯的。

六、为何弟子不听话反而高兴?

子使漆雕开仕,对曰:"吾斯之未能信。"子说。

【讲】漆雕开:姓漆雕,名开,字子开,孔子弟子。斯:代前边的"仕"。信:信实,此处应从孔安国解为"究习";今人注为"自信"则误。孔子叫漆雕开去当官,他回答孔子对当官之道没研究;意思是尚未研究好,还是他对当官根本不感兴趣,这要读者自己去想。孔子听了反而很高兴,其原因也要读者自己去想。上述两点,前人有不同解释,也都是见仁见智的推测。

【评】《论语》可当成文学作品来读,就在它每有省义和言外意,给读者留下许多想象余地。但想象还得受历史事实及孔子思想制约,因为《论语》毕竟不是文学作品。《孔子家语》称漆雕开"习《尚书》,不乐仕",如果可信,则其答显为婉拒。孔子听了反而高兴,这不奇怪。在《先进》篇里有一章记诸弟子侍坐言志,子路、冉有、公西赤都是说想做什么官;唯独曾点无意用世,他说他想过悠闲自在的隐者生活,于是孔

135

子"喟然叹曰：吾与点也！"此正可与本章"子说"相参。孔子固然主张积极入世（入世便要出仕），子路所说"不仕无义"（《微子》）也是反映他的思想。可是，我们即将看到，在碰壁之余他也曾有过浮海、居夷之思，向往过曲肱、饮水之乐，因为他也是个人啊！再值得注意的是，孔子自己是"知其不可而为之者"，但他对隐者不但从无微词反而很尊敬；此亦耐人寻思。

七、孔子欲浮海

子曰："道不行，乘桴浮于海，从我者其由与？"子路闻之喜。子曰："由也，好勇过我，无所取材。"

【讲】道：孔子自言其治国平天下的主张。他说："我的主张既无法实行，只好坐个木筏飘流到海外去，跟随我的就是仲由了吧！"子路听了信以为真，喜形于色。于是孔子又道："你这个人呀，比我还勇敢，但'无所取材'"。这最后一句，言人人殊，窃意当指子路除好勇之外，别无可取之材（才）。话重了一些，既是半开玩笑，也是要挫一挫子路的锐气。须知孔子对弟子讲话既有严肃的时候，也有很随便的时候，并不总是那么有分寸，他对子路还说过比这更加过头的话：此正可见孔门师生之亲密无间也。

【评】孔子"浮海"原属戏言,子路信以为真。康有为也信以为真,他采取郑玄所说,"无所取材者,无所取于桴材",认为孔子真要带子路到海外去传道,但苦于没有造船材料,然后发表感慨:"使当时孔子西浮印度、波斯以至罗马,东渡日本以开美洲,则大教四流,大同太平之道,当有一地早行之也。"想象力实在太丰富。孔子绝无出海传道之打算,"浮海"戏言却自有其缘故,正如后世李白之"欲挂云帆济沧海",但表明对现实之深刻不满而已。"浮海""济海"皆出世之意,不是说要到海外干事业。

八、当官的好找,仁人难觅

孟武伯问:"子路仁乎?"子曰:"不知也。"又问。子曰:"由也,千乘之国,可使治其赋也,不知其仁也。""求也何如?"子曰:"求也,千室之邑,百乘之家,可使为之宰也,不知其仁也。""赤也何如?"子曰:"赤也,束带立于朝,可使与宾客言也,不知其仁也。"

【讲】千乘之国:有一千辆兵车的国家。这在春秋后期算是中等国。治其赋:古者征兵及修武备皆称赋,治赋即治军也。千室之邑:住有千家之大邑,其长官称宰。百乘之家:卿大夫家,其采地总管亦称宰。宾客:指外宾。孔子认为子路适于治军，冉求适于管理行政（为邑宰或家臣之宰），公西赤适于搞外交，各有所长，要之都可以当官；至于仁与非仁，则一概"不知"。他对孟孙彘的这个回答，是严肃认真的。因为"仁"在他心目中一向是极高的标准，众弟子中除了颜渊，其余都是"日月至焉"者。

【评】综观孔子言论，"仁"既是极难达到的道德标准，而又应时时处处以此自律；然则只要"志于仁"，虽不能成为仁人，总算是个君子，这就行了。

九、孔子偏爱颜渊

子谓子贡曰："女与回也孰愈？"对曰："赐也何敢望回！回也闻一以知十，赐也闻一以知二。"子曰："弗如也，吾与女弗如也。"

【讲】你们看，孔子对弟子讲话多么直率，一点不顾情面，这也是"吾无隐乎尔"的表现。〔上次子贡主动问，此次孔子问他。〕他问子贡："你与颜回相比谁更强（孰愈）？"对（下答上）曰："我这人哪敢与颜回相比（"望"通"方"，比较！）他闻知一就能推知十，我闻知一仅能推知二。"于是孔子曰："弗如也，吾与女弗如也。"你确实赶不上他，我同意你所说的确实赶不上。弗：表示否定的副词，比"不"的语气更重一些。与：许，同意。最后一句，何晏引包咸解曰："吾与女俱不如"，将"与"视为连词，邢昺、康有为、钱穆均从此解；诚然也可通，但恐怕不是孔子原意。认为子贡远不如已经够了，认为自己也远不如这就太过头。

【评】这段对话颇耐寻味。在众弟子中孔子对颜渊评价最高，子贡自然知道，所以回答如此之谦逊；是真的自以为远不如颜渊，还是为了迎合孔子，抑或语带讥嘲？不得而知。旧注都说他有自知之明，即肯定其才智确实远不如颜渊；这固然是孔子的看法，但未必是事实。从《论语》看来，道德修养方面且不论，才智方面子贡是远在颜渊之上的。可孔子对颜渊这个"不幸早死"的学生，不特盛赞其贤德与好学，亦盛赞其才智；我们实在看不出，别处也没有记载，只能视为偏爱。其原因，就在于子贡性格外向，颜渊性格内向；前面说过，孔子喜欢内向型性格。

十、孔子发脾气

宰予昼寝。子曰："朽木不可雕也，粪土之墙不可圬也！于予与何诛？"子曰："始吾于人也，听其言而信其行；今吾于人也，听其言而观其行。于予与改是。"

【讲】宰予白天睡大觉，于是孔子大发脾气，说他像朽木之不可雕，粪土之墙之不可圬（往上抹灰）。"于予与何诛"，对宰予还责备他什么，言外之意是说已无可救药。又说："原来我对人是听其言便信其行，现在则听其言还得观其行。""于予与改是"，由于宰予才改变如此。与，语词。

【评】孔子说过"有教无类"（《卫灵公》），为何昼寝小过就不能容忍，以至认为此人不可造就？要求严格也不该说出如此决绝的话，这只能用心情不好所以发脾气解释。不过，激动中听说"听其言而观其行"，亦足见其锐敏与智慧。

十一、个人欲望与刚毅可得兼乎

子曰："吾未见刚者。"或对曰："申枨。"子曰："枨也欲，焉得刚？"

【讲】孔子说他没见过坚强不屈的人（刚者），于是有人举出申枨（chéng）。此人事迹不详，旧注解说是孔子弟子，大概他平时行为给人以性格刚强的印象。孔子却说："枨这个人不过是欲望强，怎能谓之刚？"欲：何注引孔氏释为"情欲"，朱注则引谢氏曰"为物掩之谓欲"；无论情欲物欲，要之均为私欲。孔子认为申枨是受私欲蒙蔽者，并非真正刚强者。

【评】个人欲望既有精神与物质之分，又有高尚与卑劣、合理与不合理之别，断不可一概而论。我现在更重视精神欲望之满足，是因为物质需求已有保障，自己这方面要求本来就不高的缘故。但对那些为了生存、温饱和发展而在物质上拼命追求的人，只要他们不侵犯他人利益（合理），我不仅同情并且赞赏那种百折不挠的刚毅性格。现在这种人多得很！如从安徽来的小保姆、卖菜的和摆地摊的……更不用说边远地区在贫困中挣扎的农民了。为了生存并活得好些而艰苦奋斗，可谓之刚毅。当然，比如个别当官的为贪赃枉法而绞尽脑汁，则不得谓之刚毅。

因为不知申枨为何等人，孔子认为他只是欲望太强算不得刚毅，也就不知是针对什么说的。至于程颐的解释"人有欲则无刚，刚则不屈于欲"（朱注引），把孔子对申枨的看法引申为泛言，遂将"欲"与"刚"对立起来，实际是为他们的"存天理，灭人欲"的观点找根据，这就大错特错了。孔子不主张灭人欲，只主张对其加以限制，这种观点今天看来也成问题。

人都有在不侵害他人的前提下满足个人欲望的权利，并且这也正是整个社会发展的动力。对这种正当欲望不但不能"灭"，也不能加以限制，相反应加以鼓励。对不正当即侵害他人的欲望，自然必须限制禁止。孔子及儒家伦理的局限，就在它只着眼于个人欲望的消极面。好像只有道德才是高尚的，一提起欲望就认为是坏东西。实则一个人要没有欲望那还叫作人吗？你孔老先生要以仁德与礼乐治天下，那不就是你的欲望吗？屡次碰壁，"知其不可为而为之"，你的欲望不是很强吗？因此我们十分佩服你呀！

如果说欲望必然带来烦恼，这也是真的。所以佛家说"苦海无边"，要逃避就只有遁入空门，出家当和尚。其实和尚亦自有其烦恼。人生在世总不免有累，一为物累一为情累。"欲壑难填""人欲横流"均属物累，这方面不但不正当的要限制，即便正当的也应有自我节制。"鼹鼠饮河，不过满腹"，个人需求实在有限，一旦满足就应转向精神方面的追求。"情累"便是指精神方面的追求，这方面才真是永无止境，因而烦恼也就更多。无论情累、物累总是累，总有烦恼，总是"苦海"。唯其如此，那些有着合理、高尚的人生欲望，即身负重累，甘心忍受烦恼和痛苦而矢志不移的人，便是刚毅者。事实上孔子便是这样的人，那个申枨则不得而知。

以余观之，孔子学说的最大缺陷就在忽视个体人格价值，而他自己的人格却又是很可钦佩的。

十二、仁恕岂易

子贡曰："我不欲人之加诸我也，吾亦欲无加诸人。"子曰："赐也！非尔所及也。"

【讲】孔子两次说过同样的话："己所不欲，勿施于人。"这里子贡所说，完全是重复他的意思，为何他却加以斥责？"非尔所及"，那不是你能做到的；话很重。前边讲过，"己所不欲，勿施于人"便是恕，也就是仁，在孔子心中乃是极高标准，须终身奉行，"为之不厌"；而子贡却自以为已然做到，把它看得太轻易，所以才受责备。

【评】仁即忠恕，既是应当时刻遵循的行为准则，又是极难达到的道德标准；两种说法既有矛盾又是一致的，都说明仁即忠恕在孔子学说中的重要地位。关于这点须悉心体会。

十三、孔子不言性与天道

子贡曰："夫子之文章，可得而闻也；夫子之言性与天道，不可得而闻也。"

【讲】文章："德之见乎外者。"具体讲便是诗、书、礼、乐以及为人处世之行为准则等，孔子教弟子不外乎这些内容，故子贡曰"可得闻也"。性与天道：人与自然之本性、本体，即关于宇宙人生之形上解释，孔子罕言及。按《论语》，孔子言性仅一处——"性相近也，习相远也"（《阳货》），连性善恶也没说。天道即天命（或分别为天与命）倒是多次提到，但也从未加以解释。故子贡感叹"不可得而闻也"。

【评】孔子不言怪、力、乱、神，亦不言性与命（天道）。他的全部学说都是面对现实人生，是为了建立起人人互相亲爱（但要分出尊卑长幼）的人间秩序；既没有天堂、彼岸的吸引，也不用上帝或鬼神来威慑，而是靠激扬人自身的道德情操来维系。这种社会理想虽然不曾实现亦不可能实现,但它作为一种文化,比起其他宗教文化有其优越之处!因为它倚赖于人自身而非任何超自然力量。余尝云中国人都是天生的无神论者(从代表文化发展的知识分子主流看来情况如此),这是由孔子开始的传统,当然是个优良传统。

可是,孔子学说的优点也伴随一个缺陷,那就是缺乏关于宇宙人生的形而上的思考。后世孟、荀之言性,董仲舒之天人感应说,以至魏晋玄学、程朱理学、陆王心学等,且不论各自得失,在阐释孔子学说时都不同程度地增添了形而上思考。再者,别忘了中国还有庄子和禅宗学说。要之,人生既然要死,就不能没有终极关怀,但不必导至宗教。

十四、子路唯恐有闻

子路有闻,未之能行,唯恐有闻。

【讲】此章记子路行事,说他听见什么是事(当然是自认为正确的事),如果还来不及实行,就害怕再听见新的事。

【评】这是一种夸张说法,要为突出子路勇于行的性格。这种性格合乎孔子"敏于行"的主张,故孔门弟子特记载之。但子路这种性格同时又是一种弱点,故孔子尝"退之",可参看《先进》"闻斯行诸"章。

十五、不耻下问

子贡问曰:"孔文子何以谓之'文'也?"子曰:"敏而好学,不耻下问,是以谓之'文'也。"

【讲】孔文子:卫国大夫,名圉(yǔ),谥为文。此人与孔子同时,有劣迹,而文乃美谥,故子贡有此问。孔子答曰,这人勤学好问,因此谓之文。"敏而好学,不耻下问"不是给"文"下定义,而是说具有这种品格的即可谓之文。不以其人之恶而没其善,此亦可见孔子之仁。

【评】孔子一贯重视学与问,这里值得注意的是将"不耻下问"视为美德。所谓下问,不独指位与年之高下,能问于不能,博学问于浅学,均可谓之下问,确乎难能。

十六、称美子产

子谓子产:"有君子之道四焉:其行己也恭,其事上也敬,其养民也惠,其使民也义。"

【讲】子产：姓公孙，名侨，字子产，春秋时郑国贤相。孔子称赞他在四方面有君子之德（此处道即德）：恭己，敬上，惠民，使民也义（义即宜）。

【评】（原缺）

十七、称美晏婴

子曰："晏平仲善与人交，久而敬之。"

【讲】晏平仲：姓晏，名婴，谥为平，春秋时齐国贤相。孔子称赞他善于与人交往，"久而敬之"。朱注引程颐曰："人交久则敬衰，久而能敬，所以为善。"按"之"代晏婴或代所交之人均可通，不必纠缠。

【评】子产、晏婴都是事功卓越之著名宰相，孔子却但言其事上使下及交友之德，值得玩味。或曰孔子重德不重事功，这话不对。只能说明这些人的事功不合他关于治国平天下的理想。

十八、孔子不信占卜

子曰:"臧文仲居蔡,山节藻棁,何如其知也?"

【讲】臧文仲:姓臧孙,名辰,谥为文,鲁国大夫。居蔡:使蔡居。蔡原为地名,以产大乌龟闻名,此即以蔡称大龟,古人用它来占卜。山节藻棁(zhuō):原为天子宗庙之饰。节,房中柱头之斗拱。棁,梁与梁间之短柱。山、藻用为动词,谓柱头斗拱上雕有山,梁柱上绘有水草。此人让大乌龟住在如此讲究的房子里,"何如其知也",他的智慧怎么样呀?意谓其愚也。

【评】据载臧氏世为鲁国守蔡之大夫,然则孔子之讥,讥其媚神也。由此可见孔子不信占卜。

十九、就事论事与全面评价有别

子张问曰:"令尹子文三仕为令尹,无喜色;三已之,无愠色。旧令尹之政,必以告新令尹。何如?"子曰："忠矣。"曰："仁矣乎？"曰："未知。焉得仁？""崔子弑齐君，陈文子有马十乘，弃而违之。至于他邦，则曰：'犹吾大夫崔子也。'违之。之一邦，则又曰：'犹吾大夫崔子也。'违之。何如？"子曰："清矣。"曰："仁矣乎？"曰："未知。焉得仁？"

【讲】令尹：楚国官名，相位。子文：姓斗，名縠於菟（gòuwūtú）。崔子：齐国大夫崔杼（zhù），弑其君庄公。陈文子：齐国大夫，名须无。有马十乘：一乘驾四马，十乘即四十匹马。盖下大夫之禄位。子张问："齐国子文三任令尹之官而无喜色，三去令尹之官而无愠色，并且每次去任都要把自己的政策方针告诉继任者，怎么样呀？"孔子说："这就是忠啊。"子张道："算是仁人了吧？"孔子先说"未知"，还不了解；复云"焉得仁"，哪里算得上仁人？意谓根据这些表现尚不足谓为仁人。于是子张又举出齐国的陈文子，说他因崔杼弑君而放弃禄位离开齐国，先后跑到两个国家，都因为当政者和崔杼是一路货色而离开，问这又如何呢？孔子说："这是清高啊。"子张又问："算是仁人吗？"孔子回答仍旧。

【评】令尹子文的行为合乎孔子所说"己欲立而立人，己欲达而达人"，故许以"忠"；陈文子的行为合乎孔子所说"邦有道则见，无道则隐"，故许以"清"。忠与清在孔子心中都是很高的品格。可是，且不谈清，前边说过忠与恕都叫作仁，为何这里既以忠赞许令尹子文，却不承认其为仁呢？以余观之，忠乃是针对此人具体行为的评价，而子张所谓仁则是对此人的整体评价，故曰"未知"，尚不了解，复曰"焉得仁"，仅根据其上述行为不能得出这结论。就事论事与对人做出全面评价是两回事。就事论事时，孔子称赞过管仲之仁，但要做全面评价，他绝不会承认管仲为仁人。这层道理，在古今注家中似乎只有钱穆懂得，但没有我说的这样清楚。

二十、再思可矣

季文子三思而后行。子闻之，曰："再，斯可矣。"

【讲】季文子：季孙氏，名行父，鲁国大夫，谥为文。三思而后行：这大概是时人对季文子的称许。孔子听见这话却不以为然，以为再思即可，不必三思。

【评】此所谓"三"与"再"，不必拘泥于字面，朱熹以"务穷理而贵果断"解之，是为得之。再还得分什么事，比如我拿起这杯子用左手还是用右手，往前走先迈哪只脚，那是根本不用考虑，连一"思"也用不着；另如三峡工程，岂止三思，十思百思也不嫌多，还得集思广益，还得调查研究。对个人来说也会有自己的"三峡工程"，比如我今生是否应该写小说，这问题就反复思考了至少二十年，至今拿不定主意，这就属于优柔寡断了。总之，孔子的话应这样理解：凡是比较重要的事都该考虑周到再去做，但考虑太多因而失掉时机也不好。

至于程颐所说:"再则已审,三则私意起而反惑矣。"难道一思再思就必无"私意"吗?此纯属道学口吻,不可取。

二十一、"愚不可及"乃夫子自道

子曰:"宁武子,邦有道则知,邦无道则愚。其知可及也,其愚不可及也。"

【讲】宁武子:卫国大夫,姓宁,名俞,谥为武。朱注:"武子仕卫,当文公、成公之时。文公有道,而武子无事可见,此其知之可及也。成公无道,至于失国,而武子周旋其间,尽心竭力,不避艰险。凡其所处,皆智巧之士所深避而不肯为者,而能卒保其身以济其君,此其愚之不可及也。"然则其"愚"即为忠,恐非是。不如孔安国之解平实:"佯愚似实",装傻装得像真的一样;后来程颐也说:"能沉晦以免患,故曰不可及也。"按《左传》,卫成公三年(鲁僖公二十八年)宁武子之名始见,至卫成公十二年(鲁文公四年)已见于《春秋》经文("卫使宁俞来聘"),可见其这段时间确有作为;而朱熹所谓仕于卫文公则纯属猜测,既不见于《传》,更不见于《经》。诚如近人程树德所说:"此有道无道,当以卫成公时国之安定危乱言之。"据载卫成公在位三十余年,前期国尚安定,宁俞辅政有功,此其智也;后期受晋压迫国势危乱,宁俞则沉冥韬晦如不智者,此所谓愚也。

【评】此章所谓"有道则知（智），无道则愚"，与别处所谓"有道则见，无道则隐"（《泰伯》），其实是一个意思的两种说法。值得玩味的是所说知可及而愚不可及，历来注家尽管解释不一，却都将其视为对宁武子的赞美。错了，此夫子自道也！不是说他自己愚不可及，而是说他不可及宁武子之愚，无法像宁武子那样装傻！孔子之伟大人格于斯见矣。孔子的伟大往往不表现在主张本身，而表现在他的实际行为不符合他的主张。说是"有道则见，无道则隐"，实际上他是"无道"也要"见"，就是没有机会，没有人采纳他的学说。儒家思想的精华就在这个地方。应参读《微子》篇，尤其是"天下有道，丘不与易也"这句话；余每读至此，未尝不落泪也。

孔子的身份有三面：思想家和政治家、教育家、人。这三面既是和谐一体又常有矛盾，唯其如此才是真实的。任何真实的人都是矛盾的统一体。过去的注家（包括近现代人），都是把孔子视为一贯正确的圣人，因此看不见他思想上的矛盾，当然就不能悟出"愚不可及"之真意与分量。

二十二、孔子思归

子在陈，曰："归与！归与！吾党之小子狂简，斐然成章，不知所以裁之。"

【讲】陈：古国名，约在今河南东部及安徽北部。吾党：

党，乡党；指鲁国。小子：孔子称其弟子。狂简：狂，此处应释为进取；简，大也。此言弟子之志。斐然成章：斐，文貌；成章，已成条理，此喻弟子之才。孔子认为他那些弟子都有积极进取的远大抱负，也有才能，但就像已织成的斐然可观的布帛，尚不知如何加以剪裁。这是比喻远大抱负不知如何实现，斐然可观的才智不知如何发挥。朱熹解本章，"此孔子周流四方，道不行而思归之叹也"，是矣。后边的话便是他要回鲁国的理由和打算——对"不知所以裁之"的弟子加以指导。

《孔子世家》载，鲁哀公三年，季桓子卒，康子立为相，使使至陈召冉求。孔子思归之叹，正为冉求之将行而发。又近人钱穆注"狂简"云："时从孔子在外者，皆高第弟子，则孔子此语，亦不专指在鲁之门人，特欲归而益求教育讲明之功耳。"此亦有见。

【评】盖孔子以冉求之见召而有思归之叹。回去干什么？去指导那些对自己才能尚不知如何加以运用的"吾党之小子"，非但指留在鲁国的弟子，也包括跟随他出游的弟子，并且首先是针对冉求说的。当然，事实上他并没有回去，他是在说过这话大约十年后才回到鲁国的。"归与！归与！"很想回去却不回去，此正表明其执着于用世的顽强劲。实现理想第一，退而讲学毕竟是取其次。

二十三、关于不念旧恶

子曰:"伯夷、叔齐,不念旧恶,怨是用希。"

【讲】伯夷、叔齐:商时孤竹君之二子。孤竹,国名。反对武王伐纣,商灭后不食周粟,饿死在首阳山上。不念旧恶:不记旧恶。或将恶解为善恶之恶,或将旧恶解为宿怨;应从后解。怨是用希:是,指代上句"不念旧恶",因此怨就少了。用:以,因此。希:通稀。孔子说,此二人不记宿怨,所以怨也就很少。是说别人对他们的怨少,还是说他们对别人的怨少?就本章而言两种理解均可,如参照《述而》篇言二人"求仁得仁,又何怨"来看,则后一种解释更可靠。

【评】《论语》中孔子赞美夷、齐凡四见,称之为"古之贤人";到了孟子,更称之为"圣之清者";庄子亦称美有加。对于这二位儒、道两家都能接受的人物,我一向没有好感,原因就在其虽然"不降其志,不辱其身",但也无益于世。不过,标榜这种人也有个好处,即在精神上给后世失意的二流文人开辟了一个可以生存的空间。请注意我说的二流不是一流。

至于"不念旧恶",不知所指,就其宁肯饿死而不食周粟这一"大节"来看，对宿怨明明是念念不忘啊！一般来说，不念旧恶固然是一种美德，但也要分人分事。鲁迅死前尝云，按西方基督教习惯，人死前应了结宿怨，即既宽恕别人同时要求别人宽恕。对此他宣称：我不要求任何人宽恕，同时我也不宽恕任何人！虽然孔子所谓"不念旧恶"毫无宗教色彩，但相形之下我仍然更欣赏鲁迅的态度。

二十四、枉即不直

子曰："孰谓微生高直？或乞醯焉，乞诸其邻而与之。"

【讲】微生高：姓微生，名高（从朱注），事迹无载；或谓为《庄子》所载那个与女子期桥下抱柱而死的尾生高，不知确否。大概此人以直闻名，孔子不以为然，于是举出一件小事加以反驳。说是有人向他讨点醋〔醯（xī）〕，他自己没有，却向邻居讨来给那人。

【评】以今观之，微生高的行为无可责备，怎能作为其为人不正直的证据？但这是孔圣人讲的，于是注家们纷纷做出正确解释，说是有谓有、无谓无方可谓直云云。其实，这不过是孔子的幽默罢了。他认为此人并不直，但又不愿正面揭发，于是才说了这种幽默的话加以讥讽。有人向他讨醋，他却跑到邻居那里讨来给那人,岂不绕了个弯?枉即不直也!这是一种幽默,当然不是针对"乞醯"而言。

二十五、做人要有节概

子曰:"巧言、令色、足恭,左丘明耻之,丘亦耻之。匿怨而友其人,左丘明耻之,丘亦耻之。"

【讲】孔子说:"对人巧言令色和过分恭敬,左丘明以此为可耻,我也以此为可耻。对一个人不满却把它隐藏起来而去和他交朋友,左丘明以此为耻,我也以此为耻。"巧言令色,就是用好听的话和好看的容色去讨好人。足恭,足,过也(朱注);孔安国曰"便僻貌",然则就该说"恭足"了,不可取。左丘明,或谓为《左传》《国语》作者,此说有许多破绽;但康有为因此认定此章乃汉人刘歆伪造,也缺乏根据。只能存疑。要之此人应为当时一位贤人,孔子才会引以自重。

【评】前面我曾说孔子及整个儒家学说的最大弱点,就在忽视人的个体人格。这是什么意思?在我看来,人都有两重性,即既是构成社会的一分子,其自身又是一个自足的整体、一个独立的世界。即是说,社会是繁多的统一。儒家学说,总是强调统一,忽视繁多即差异的合理性,所以它很容易被后世集权统治者利用。但是,这里要说的是,重统一,并非都是冷冰冰的规定要人服从，而总是标举高尚的道德情操令人向往。本章云云即其生动一例。

巧言、令色、足恭，多半是为巴结有权有势者，这种人古代有，现代有，将来恐怕还会有。"匿怨而友其人"者亦大有人在，以至有人对你表示友好还得加以辨别。"耻之"，君子不为也！孔子主张"君子和而不同，小人同而不和"。巧言、令色、足恭，都是小人的行径。正确的态度，即如上章所说的"直"。孔子认为微生高并不直，可能此人给人以直的假象（这种人现在也很多），孔子把他看透了。但孔子很看重"直"。"直"者总吃亏，吃亏也要"直"，这就叫作人的节概。

二十六、师生言志

颜渊、季路侍。子曰："盍各言尔志？"子路曰："愿车马，衣轻裘，与朋友共，敝之而无憾。"颜渊曰："愿无伐善，无施劳。"子路曰："愿闻子之志。"子曰："老者安之，朋友信之，少者怀之。"

【讲】侍：侍立。盍：何不。孔子坐着，要侍立左右的两个弟子谈谈各自的志向。于是子路先说（总是他先说），愿出入有车马，穿着有轻裘（高级皮袍），而与朋友共用，用破了亦无憾，意谓愿与朋友共富贵。清代注家或以"轻"为衍字，现代钱穆、杨伯峻二家亦从此说，经查其主要根据仅属推测，不可取。衣裘以轻者为美，他们想把"轻"字删去，是为排除子路贪富贵之嫌，固然是好意，其实用不着。孔子不是说过"富与贵，是人之所欲也"吗？只要得之以道便无可非议，何况子路愿与人共享呢！既见其直率，亦见其"志于仁"。颜渊则曰"无伐善，无施劳"，就显得文绉绉的，不那么直率。"无伐善"就是不矜善，此指德；"无施劳"就是不表功（劳）。可见其志向很大，既要立德也要立功，有了德与功还不夸耀不表白，真是个完人了！可他只说"不"（无），不说"要"（有），所以又不露锋芒。在子路提问后，孔子所说的三句话，朱熹《集注》上就载着两种解释，至今仍有分歧，关键在对"之"这个代词有不同理解。窃谓从语法上看"之"只能是代老者、朋友、少者，不能是代孔子自己。但要注意的是，三句都是使动式，即：老者使之安，朋友使之信，少者使之怀。孔子这话也很含蓄，而又平实，不像颜渊说的那样漫无边际。

【评】三人之志，均"志于仁"。子路说得粗俗却很实际，颜渊志向很高但有点像空谈家；孔子则说得既切实又显示出博大的气象，宜其之为人师也。

二十七、孔子说话过头

子曰："已矣乎！吾未见能见其过而内自讼者也。"

【讲】孔子说:"算了罢!我就没见到能发现自己过失并且在内心自责的人。"

【评】见己过而内自讼,难道连"不二过"的颜渊也做不到?或曰孔子说这话时颜渊已死,然则"吾日三省吾身"的曾参何如?当然也可用曾参说这话时孔子已死来解释。这是永远无法搞清楚的糊涂账,大可不必在这上边费功夫。照我看,孔子所说并不那么难,但他老先生为强调某种品格的重要,总是说他从未见过,如未见刚者、未见好仁者恶不仁者、未见好德如好色者……其实都是过头话,不必拘泥于字面,除了表明孔子对某种品格的重视,由此还能看出他性格确也有偏激的一面。

二十八、孔子以好学自诩

子曰:"十室之邑,必有忠信如丘者焉,不如丘之好学也。"

【讲】十室之邑,不过一个小邑,孔子说即便这样一个小地方,也定能找到忠信和他同样的人,只是赶不上他的好学罢了。忠信:朱熹以降,多释为"生质之美"(康注)、"人之天质"(钱注),不免片面。忠信属德行,孔子虽未排斥先天因素,但更强调后天的修养,认为是人人都应做到并且是可以做到的。好学则不限于忠信这个范围。

【评】本篇多为对人发表评论，而以孔子自我评论结束。他说他这个人，不过是为人讲忠信罢了，这种人到处都能找到！只是像他一样好学的人不好找。往后我们还会看到，在德才两方面孔子自我评价都不高，总是甘居其次。但他也有自诩时，其自诩总不离好学。这种自诩毋宁说是谦逊，其实也是智慧的表现。

PART 6

雍也第六

一、孔子极许冉雍

子曰:"雍也可使南面。"

【讲】南面:坐北朝南,尊者之位;或说为诸侯(包咸、皇侃),或说为天子(刘向),或笼统说为人君(朱熹),或说为卿大夫(王引之)。兹存疑。要之这是孔子对冉雍这个学生的极高的称许,即使"南面"仅指卿大夫,也是说他可以在一国执政。

【评】冉雍只当过季氏家宰,又出身微贱,孔子却给予极高评价,值得玩味。如果"南面"真是指人君的话,这就表明孔子的君权思想是和后来的孟子相通的。
孔子的君权思想和后来历代封建王朝的正统观念不一样。后来历代的正统观念是"君命天授",这是从汉武帝、董仲舒以后才开始的。孔子虽然主张君权,但是君权不是天授,不是生来就可以有的。冉雍只当过家宰,而且出身很微贱,这样的人也可以当诸侯(诸侯也是一国之君)。说明孔子的君权思想同后来的孟、荀有相通之处。孟子关于这一点有一个很重要的说法:"民为贵,社稷次之,君为轻。"(《尽心》下)而且做君不是固定不变的。条件是必须有贤德,是个仁君。齐宣王问

"汤放桀，武王伐纣"是不是叫"弑君"，孟子回答说："闻诛一夫纣矣，未闻弑君也。"(《梁惠王》下)荀子在这一点上是一致的："诛暴国之君若诛独夫。"(《正论》)他们这种思想是直接从孔子延续下来的。孔子没有这样明确的主张，但是我们从这一章可以看出来。

二、居敬而行简

仲弓问子桑伯子。子曰："可也，简。"仲弓曰："居敬而行简，以临其民，不亦可乎？居简而行简，无乃大简乎？"子曰："雍之言然。"

【讲】子桑伯子：不知其为何人，旧注或谓为某书中之某人，均属猜测。不过，从称呼上看，应是与孔子同时的一个贤人。姓桑，字伯；上"子"为弟子尊师之称，下"子"为男子之美称。冉雍问此人如何，子曰"可也，简"，认为此人可以，以其能简。简：不繁也，亦不烦也。冉雍则分别言之，主张居敬而行简以临其民，反对居简而行简。居敬行简：居敬，指当政者自我要求，须劳心尽力，兢兢业业；行简，指临民政事，须简约不烦，以免扰民。要之，行简还须居敬。否则，居简行简"无乃大简"，岂不太简？这是他所不同意的。至于子桑伯子属于哪种人，则不得而知。孔子听了冉雍的话没有加以纠正或补充，仅表示赞许，无论这话他是否预先想到，总表明孔门师生间也是讲"民主"的。

朱注本将此章与上章合为一章,然则"雍也可使南面"便是当面表扬了;此有悖孔子一贯作风,故仍从古本析为二章。

【评】儒家、道家都主张临民以简,但又有本质区别。冉雍所说"居敬而行简",就和道家分开了。敬与简的关系,即为与无为的关系。"行简",就是不要扰民,也就是无为。这点与道家是一致的。道家的主张往往是儒家的终极理想。儒家认为最理想的社会,应该也是无为,"黄帝尧舜垂衣裳而天下治"(《易·系辞传》),这也是儒家的终极理想。这点上儒道二家没有区别。但儒家是要通过为达到无为。要用道德、礼文来约束自己,要求自己,然后去从政。你可以简,所以冉雍说"居敬而行简",整个社会也是这样,要通过"道之以德,齐之以礼"这样一些方式,最后才能达到无为的境界。这一点,儒家的主张又与道家不同。

刘向《说苑·修文》还记载着一个故事:孔子去见子桑伯子,他的学生就反对。他说,子桑伯子这个人,"质美而无文",要"说而使之文"。见面谈话的经过没有写。见过面后,子桑伯子的弟子对子桑伯子也有意见,他说,孔子这个人,"质美而文繁",所以他想"说其弃其文"。这个记载未必可靠,但所表达的思想是准确的。子桑伯子的倾向比较接近于道家(他连帽子也不戴,衣服也不穿,就在家里见孔子),孔子的主张就不一样。孔子的主张是要通过很多的礼文来约束、治理社会,最高的境界是无为而治,但不容易达到,只有黄帝和尧舜的时代才能做到这一点。所以儒道二家有相通之处,但具体的主张很不一样。简单说就是:道家主张无为而无不为,儒家主张由为而达到无为。

三、只有颜渊好学

哀公问："弟子孰为好学？"孔子对曰："有颜回者好学，不迁怒，不贰过。不幸短命死矣。今也则亡，未闻好学者也。"

【讲】哀公之问，当在孔子晚年返鲁之后，其时颜渊已亡。《史记》载"回年二十九，发尽白，早死"，未言明死于何时。孔子认为在他弟子当中唯有颜渊好学，颜渊死后"则亡"，亡同无，再无别的人了。不迁怒：迁，移也。因某人某事而怒，能不迁移他人他事。不贰过：贰，重也。不重犯过失。不迁怒、不贰过，正是颜渊好学的结果。

【评】为褒颜渊而贬其余，未免偏激。

四、周急不继富

子华使于齐，冉子为其母请粟。子曰："与之釜。"请益。曰："与之庾。"冉子与之粟五秉。子曰："赤之适齐也，乘肥马，衣轻裘。吾闻之也：君子周急不继富。"

【讲】此与下章所记，当是定公年间孔子在鲁国做官时发生的事，朱注本将其合为一章。今仍从古本析为二章。

孔子派公西赤出使齐国，于是冉有为子华之母"请粟"，用现代话说就是申请安家费。粟：粟米对文，则有壳为粟无壳为米；此处单言粟即指米，是大米是小米则不知。釜、庾、秉均为粮食之量；六斗四升为一釜，二斗四升为一庾，十六斛（十斗为一斛）为一秉。古代的升、斗比现代的小很多。孔子先答应给一釜，冉求请求增加（益），于是答应再加一庾，一共不过八斗八升。结果冉求给了五秉（八百斗），大大超过孔子允许的数量。孔子知道后说："公西赤到齐国去，车前驾着肥马，身上穿着轻裘。"言外是说，既然他这样阔气，可见其家里也不穷。又说："君子周急不继富。"周，济也；继，续也。君子但周济穷急者，不为富有者增添财富，批评的语气比较婉转，因为冉求毕竟是为同学而非出于自私。

【评】公西赤出使齐国，其肥马轻裘应是公费吧？怎样断定其家中之富有？或者孔子别有根据，且不管它。由此引出的"周急不继富"可是个重要主张！孔子说他是听来的。按《老子》第七十七章云："天之道损有余而补不足。"正是此意；《荀子·礼论》也说："断长续短，损有余，益不足。"可见这种思想在古代很普遍，并不限于儒家。此亦我国古代文化之精华。这是一种均富的思想，反对两极分化。应该说，是富于人性的一种观念,恐怕是放之四海而皆准的。现代社会也讲这个。不管是什么主义、什么社会,一个比较合理的安排就是应该这样。为什么在西方一些工业发达国家,挣钱越多,收税的比例越大呢?这就是"损有余";贫民,发给你救济金,这就是"补不足"。拿我们今天来说,主张"一部分人先富起来",但是要"反对两极分化",就体现了传统文化的思想。这一章实际上体现了这种思想。

五、当与即与

原思为之宰,与之粟九百,辞。子曰:"毋!以与尔邻里乡党乎!"

【讲】原思:姓原,名宪,字子思,孔子弟子。孔子在鲁国当司空、司寇时,原宪做他的家宰,孔子给他俸禄粟九百,原宪嫌多不受,于是孔子说:"别推辞!你要觉得多,就分给邻居乡亲吧!"总之不能减少。粟九百:或谓为斗,或谓为斛。按《史记》,孔子"奉粟六万",司马贞《索隐》云"若六万石似太多,当是六万斗";然则原宪之禄当为九百斛(石),若是九百斗似太少。九百斛约当其时四百五十亩耕地的收获,一个上士(家宰)的俸禄就有这么多。邻里乡党:何晏引郑玄注:"五家为邻,五邻为里,万二千五百家为乡,五百家为党。"

【评】冉求请粟孔子显得很吝啬，与原宪粟他又显得很大方，其实没有吝啬大方之分，却有当与不当之别。公西赤出使国外，家里照样有俸禄，冉求是想为其领点额外津贴，孔子认为不当与，所以出手很紧。反之，与原宪九百乃其禄位之所应得，虽嫌多也不能减少。这种处理财物的态度，今天看来也是对的。

六、犁牛之子不妨做牺牛

子谓仲弓，曰："犁牛之子骍且角，虽欲勿用，山川其舍诸？"

【讲】此章亦是孔子背后赞美冉雍，以祭祀山川的牺牲为比。犁牛之子骍且角：犁牛即耕牛，原是没有资格做牺牛的。可是这头耕牛之犊却是赤色（周人尚赤，祭祀用骍，骍即赤牲），并且角已长成，意谓其可供祭祀之用。下边说，人虽想不用它供祭祀，享祀的山川之神会舍弃它吗？这意思是说，冉雍父虽贱，不害子之美，其终将见用于世。

【评】此宜与"雍也可使南面"相参。按《周礼》，祭祀用骍牲者三：祭天南郊，祭宗庙，望祀四方山川。祀山川乃其次，以之为喻，可见"使南面"最多指诸侯而不会是指天子。然而，冉雍终于只当了季氏宰（子路、冉有也任过这职务），位不过上士,在天子面前算是陪臣的陪臣。孔子对冉雍期望很高,但落空了。所以后来荀子把孔子和冉雍都说为"圣人之不得势者"。

"犁牛之子"亦不妨做牺牛。这说明孔子心目中的等级,不是完全由出身来决定,这点很重要。现代民主社会也要分等级,没有等级社会生活就无法正常运转。问题不在要不要等级,而在根据什么和如何建立等级,现在看来需要反对终身制和世袭特权。这当然是孔子所没有想到的。

牺牛之喻还使人想起庄子。孔子想让他的弟子当牺牛而不得,庄子则宁为孤犊不做牺牛(见《列御寇》篇)。庄子张扬个体人格,似乎更有吸引力;但在我看来人的个体人格也只能在社会中实现,因此我同意孔子不同意庄子。当然,当时士人的社会实践只有当官,今天已大不一样。

七、颜渊三月不违仁

子曰:"回也,其心三月不违仁,其余则日月至焉而已矣。"

【讲】三月不违仁:何晏注为"移时而不变",皇侃疏曰:"既不违,则应终身。而止举三月者,三月一时为天气一变,一变尚能行之,则他时能可知也。"后之注家从此说者不少。然则何不云"终身不违"?不可取。还是朱熹之说可取:

"三月，言其久。"既非三月多一天必违，也不是终身不违。举三月要为与下边"日月至焉"者对照，来说明颜渊之守仁远超过其余弟子。日月至焉：朱注为"或日一至焉，或月一至焉"；也可将"至"与上句"不违"联系，理解为或一日不违，或一月不违。

【评】晚明张岱曰："《论语》二十章〔篇〕不言心之仁，而此章独言心之仁。"(《四书遇》)对此刘宝楠有个解释："颜子体仁，未得位行道，其仁无所施于人，然其心则能不违，故夫子许之。"(《论语正义》)既无所施，又从何见其体之仁与心之不违？颜渊之安贫与好学是可以看出来的，心之仁既无所施怎能看出？孔子此处之断言实出于偏爱。

八、孔子以弟子自傲

季康子问："仲由可使从政也与？"子曰："由也果，于从政乎何有？"曰："赐也可使从政也与？"曰："赐也达，于从政乎何有？"曰："求也可使从政也与？"曰："求也艺，于从政乎何有？"

【讲】季康子是哀公时鲁国的宰相和实际掌权者，此次问答当在孔子晚年回到鲁国时。季氏先后问子路、子贡、冉有可否使从政，朱注曰"从政，谓为大夫"，是也！因为，在这之前，至少冉有早已当过季氏宰（上士）；子路也当过季氏宰，子贡亦见用于鲁，唯不知确在何时；但以冉有观之，季氏所谓从政也当是指大夫而言。附带说说，临了真当了大夫的仅子贡一人。这里孔子回答得很干脆：子路勇于决断（果），子贡明白事理（达），冉有多才（艺），各有所长皆可为大夫；"于从政乎何有"，这样的大夫哪里去找？

【评】与前此所载答孟武子之问相比，这里孔子似乎有些不耐烦，口气也更大，康注有云："于区区从一国之政，何足以云？"此章言外的确表现出这样的气概。季康子问孔子他的弟子能不能当大官，孔子说你们那种大官是个人就能当，我的弟子都比你们强。

九、闵子骞有庄子之风

季氏使闵子骞为费宰。闵子骞曰："善为我辞焉！如有复我者，则吾必在汶上矣。"

【讲】闵子骞：姓闵，名损，字子骞，孔子弟子。季氏派人去请他要他做费邑之宰，他却要来人好好地替他推辞；并且说，如果再来请他，那他必定已过齐、鲁边境，逃往齐国了。费（bì）邑：季氏采地之邑。汶（wèn）上：汶，水名，位于齐南鲁北境上。水以北为阳，凡曰某水上皆指水之北。

【评】或曰闵子骞不为费宰,是因为不满季氏之不臣于鲁君,这解释缺乏说服力;孔门弟子在季氏手下做官的不乏其人,做家宰做邑宰的都有。只能用人各有志来解释。孔子自然是愿意弟子们当官,但他绝不会像子路那样说出"不仕无义"(《微子》)的话。相反他对隐者一向很尊敬,对不愿当官的弟子也表示赞许,漆雕开不听他的话(使之仕)他反而高兴。这很值得研究,不能仅用孔子的宽容来解释。孔子并不总是那么宽容,他有时很严厉。

　　儒道两家,既相反而又可以互补。一位研究哲学史的朋友对我说,儒家上升便成道家,此话有理。你看闵子骞,乃孔门忠实弟子,属德行科,那做派就很有点后世庄子的味道,大概属于"上升"之列了。须知道家的主张,往往是儒家的终极目标。可是道家对儒家的主张,要如仁、义、礼、智以至学,几乎通通反对。因此儒家可以兼容道家,道家却难兼容儒家,从这角度说儒家襟怀更大。当然,拿庄子来说,总的看来对孔子还是很尊敬的(虽然也有非议)。

十、孔子与弟子诀别

　　伯牛有疾,子问之,自牖执其手,曰:"亡之,命矣夫!斯人也而有斯疾也!斯人也而有斯疾也!"

　　【讲】伯牛:姓冉,名耕,字伯牛,孔子弟子。牖

(yǒu)：窗户。亡之：亡，死义；之，无义。冉耕有病，孔子前去看望时却从窗户伸进手去握住他的手。为何不进去？包咸曰："牛有恶疾，不欲见人。"姑采此说。孔子的话，应是分手后对第三者讲的。他说怕是要死了，这是命啊！又一再感叹：这样好的人，却得了这种不治之症！

【评】中国人对于不可解释与无可奈何之事，总是归之于命，到今天仍旧如此；这是一种感情发泄，不必深究。下边的感叹，更充分流露出其对弟子的爱惜之情。

十一、贤者安贫乐道

子曰："贤哉，回也！一箪食，一瓢饮，在陋巷，人不堪其忧，回也不改其乐。贤哉，回也！"

【讲】此章又赞颜渊，说他食不过一竹器饭，饮不过一瓜瓢水，居住环境也极差——"陋巷"大概算贫民区吧。贫困如此，换了别人则"不堪其忧"，忍受不了由贫困产生的忧愁，而颜渊不改其乐。乐什么没讲，自然是乐道了。孔子很欣赏这种品格，一再赞其"贤"。

【评】我也赞赏这种品格，这可以说是中国人的好传统。但我对颜渊其人实在缺乏了解。就自己体验而言，乐道方能安贫，这是不期其然而然的事；反之如不乐道，仅是安贫，即便做到也说不上什么好品格。

十二、不为与不能有别

冉求曰："非不说子之道，力不足也。"子曰："力不足者，中道而废。今女画。"

【讲】冉求对孔子说："我不是不喜欢先生的学说，而是自己的力量达不到。"表面上很谦虚，其实是不肯学或是为学得不好找借口。孔子看出这点，于是答道："力不足者，中道而废。"或是死了，或是病了，等等。可你现在是"画"，画地以自限，自己不肯往前走。

【评】在学习（包括道德修养）上，确如孔子所说，只存在为与不为的问题，不存在能与不能的问题。

十三、学有小大之分

子谓子夏曰："女为君子儒，无为小人儒。"

【讲】孔子告诫子夏:"你要做君子儒,别做小人儒。"儒亦有君子小人之分,于此言人人殊,莫衷一是。首先,"儒"在《论语》中仅出现两次,还不是孔子学派专称,则朱熹所说"学者之称"可取。然则君子小人之分做何解释?兹采近人程树德"以度量规模之大小言"说,他认为"子夏……以文学著于圣门,谓之儒则诚儒矣。然苟专务章句训诂之学,则褊浅卑狭,成就者小。夫子教之为君子儒,盖勉其进于广大高明之域也"。

【评】如果程树德之解合乎原意,则孔子的告诫对今天的学术界仍有意义。

十四、用人先看人品

子游为武城宰。子曰:"女得人焉尔乎?"曰:"有澹台灭明者,行不由径,非公事,未尝至于偃之室也。"

【讲】武城:鲁邑名。澹台灭明:姓澹台,名灭明,字子羽,后来也当了孔子弟子。焉尔:或解为于此。径:路之小而捷者。子游当了武城宰,孔子问他是否有了人才,于是他举出澹台灭明来,说此人行路不走捷径,除非公事从不到我屋来。仅此两点,已足见此人至少是个正派人。

【评】不走捷径，不拉关系，今天要做到似乎比古代更难！值得深思。

十五、"不伐"谈何容易

子曰："孟之反不伐。奔而殿，将入门，策其马，曰：'非敢后也，马不进也。'"

【讲】孟之反：鲁大夫。《左传》作"孟子侧"，事见哀公十一年鲁与齐战。奔而殿：败走曰奔，军后曰殿。孔子说孟之反不自夸，打败仗撤退他走在最后，快进城门时他却举鞭赶马并且说："不是我敢于走在后边，是马不快呀！"

【评】此即颜渊所谓"不伐善"，实则这话便是"伐"，孟之反说的话也是"伐"。奇怪的是孔子怎么看不透？

十六、深叹世之但重佞与色

子曰："不有祝鮀之佞，而有宋朝之美，难乎免于今之世矣。"

【讲】祝鮀：祝，宗庙之官；鮀，卫大夫，字子鱼，以有口才（佞）被宠于灵公。宋朝：宋公子，名朝，出奔于卫者，以美色见爱于南子。此叹当有感于世之不尚德但好佞与色而发，说你如果只有美色而无口才，活在当今世上亦难免祸患，言外意谓要连美色也没有自然更不行了。祝鮀与宋朝但为比喻，不是针对他们说的，也未必是住在卫国时说的。"难乎免"后有省辞。

【评】这是牢骚话。

十七、怪叹道之不行

子曰："谁能出不由户？何莫由斯道也？"

【讲】户：房门。斯道：即由户出入之道，以喻立身处世所当遵循之原则。做人就应讲原则（由斯道）。犹如出入必由户，在孔子看来这是理所当然的事；可是，"何莫由斯道也"，为何无人这样做呢？

【评】诚如朱熹所说，此孔子"怪而叹之之辞"。按孔子所谓道，虽然千头万绪，要之不外一个推己及人的"仁"字，如此简单明了，而竟无人遵循，故怪而叹也。

十八、文质并重

子曰:"质胜文则野,文胜质则史。文质彬彬,然后君子。"

【讲】质:实也。文:外表之文饰、文采也。野:没有修养的粗鄙之人。史:宗庙之祝史,亦指官府之掌文书者。彬彬:"犹班班,物相杂而适均之貌"(朱熹注),即李白所谓"文质相炳焕"(《古风》其一)也。孔子认为质胜于文便是粗鄙之人,反之文胜于质则如祝史之流;只有文质交相辉映,才能成为君子〔此亦可解十三章之"君子儒"〕。

【评】文质关系涉及许多方面,如礼与仁、辞与情、绘与素等,再有今天所谓形式与内容。从道理上讲,孔子主张文质兼胜。可是,大概是社会上有文无质或文胜于质的现象更普遍,为了补弊救偏,他的言论往往给人重质轻文的印象,这对后世儒家有很大影响,其实是出于误解。应该说儒家是文质并重,重质轻文就成了道家。

十九、直与罔

子曰:"人之生也直,罔之生也幸而免。"

【讲】直:正直,刚正不阿也,和而不同也。罔:诬罔,不直也,阿曲求同也。幸而免:侥幸而免于祸,言其得以生也。孔子认为人生本应刚直不阿,活得堂堂正正;而那些罔不直者居然也能生存,不过是出于侥幸。此亦愤世之言。

【评】孔子所说乃理当如此,非实际如此。实际情况相反:诬罔不直者不但容易生存而且都活得逍遥自在;刚直不阿者往往身世多艰,侥幸活下来真不容易。

孔子所谓"直"即我所谓"方",孔子所谓"罔"即我所谓"圆"。享受富贵荣华都是"圆"的人,而社会财富(包括物质财富和精神财富)却都是由"方"的人创造。由此看来,"人之生也直",不但合理而且重要,如果大家都变"圆",整个社会也就无法存在了。

二十、知不如好，好不如乐

子曰："知之者不如好之者，好之者不如乐之者。"

【讲】知之、好之、乐之，有程度之别。朱熹引张敬夫之言曰："知而不能好，则是知之未至也；好之而未及于乐，则是好之未至也。此古之学者所以自强而不息者欤。"如孔子之"不厌"（不满足）与颜渊之"欲罢不能"，就算达到了"乐"的境界。

【评】知、好、乐之别，在英语中似乎更清楚些，即 know（了解）、like（喜欢）、love（爱）。了解不一定喜欢，喜欢不一定达到爱的程度；对人对事均如此，不特指学习。

二十一、中人分上下

子曰："中人以上，可以语上也；中人以下，不可以语上也。"

【讲】本章所说，即因材施教的意思。所谓上下，乃指悟性之高低，既有先天因素，又有赖于后天之学养。就先天资质而言，天才与蠢材都是极少的，绝大多数均属于中等，孔子只由中等设言是很有道理的，但中等当中悟性也有高低之分，除了先天资质，还决定于已有之学养。其中悟性高的才可对他讲高深的学问；悟性低的则不可对他讲高深的学问，"不可二字非禁止意，乃难为意"（钱穆语），不是不愿对他讲，而是讲了他也听不懂。此亦孔子传道授业中有感而发。

【评】正如信天命而不做解释一样，孔子相信天才也不加以解释，这是很对的。因为这无法解释，今天也无法解释。要解释就得从解剖人的大脑做起，那是自然科学家的事，也许他们能想出什么办法，使人变得比现在更聪明吧。对我们来说，承认先天因素就够了，需要重视的乃是后天的努力，即便天才也必须经过努力才能成器。贝多芬、莫扎特是天才吧？如果不是自幼受环境熏陶并经过严格的科班训练，就绝不可能成为大音乐家。就我的人生经验而言，各行各业的人才都有上下之分，只要不是天生蠢材，经过努力都能达到"中人以上"水平。我过去当建筑工人，拜师学徒时已年近三十，比起同时学艺的十几岁的娃娃来差多了，别说高难技艺，就连跑大墙也总是累得满头大汗还落在后边。经常挨呲，日子真不好过。于是苦练基本功，真是经过千辛万苦。大约三年工夫，终于成为一名熟练工人，后来又掌握若干"绝活"并能负责施工，成为海淀一片临时工中有名的"能人"。当建筑工人这十六七年历史，三天三夜也说不完，足可写部小说。开始大家说我蠢，我自己也觉得蠢，到后来，大家刮目相看，我自己也觉得真有点"天才"。其实既非蠢材亦非天才,而是由中人以下到中人以上,起决定作用的是主观努力即勤奋。做学问的道理也一样。

孔子是从教人角度分上下。我上边的发挥则是就人的自我要求而言,认为大多数人均属中等天资而又有上下之别,人皆可为上亦皆可为下,为上为下取决于自己。

二十二、务民之义,敬鬼神而远之

樊迟问知。子曰:"务民之义,敬鬼神而远之,可谓知矣。"问仁。曰:"仁者先难而后获,可谓仁矣。"

【讲】樊迟问知(智)与仁,这是孔门师生经常讨论的两个题目。知指明智或聪明才智,仁指仁德。一个人既知且仁,再加上勇(勇于行),便是儒家标榜的理想人格。本章问答仅为知与仁。孔子对知的回答,朱熹解释得最好:"专用力于人道之所宜,不惑于鬼神之不可知。"此处"民"即人。孔子全部学说都是谈人道,从不谈鬼道神道;"不惑于不可知",这解释非常准确。既然"不惑",为何又要"敬"?须知夏、商、周三代均重祭祀鬼神之礼(殷人尤重),曰敬,不过表示对祭祀之礼的尊重而已!但不必相信鬼神之实有,故曰远之。对仁的回答,则可将后世宋代范仲淹所说"先天下之忧而忧,后天下之乐而乐"移为注脚。

【评】此章对"知"的解释，对于了解孔子思想十分重要。今天看来，敬鬼神而远之很简单，连"敬"也不必，祭祀之礼早没有了。但两千五百年前发表这种见解就很了不起！因为当时普遍存在多神崇拜，孔子又是最重鬼神的殷人之后。我说中国人都是天生的无神论者（就文化主流而言），这传统就是由孔夫子开始。现在有人说，一个民族不能没有宗教，落后民族是多神崇拜，先进民族则有单一的宗教；于是有人把儒家称为儒教，还有人主张建立新的宗教。这些见解和主张在我看来很荒唐。为什么需要宗教？因为人要死。不信宗教的人照样可以坦然地对待死亡，从孔子到鲁迅皆如此，孔曰"丘祷之久矣"，鲁曰"我不要求任何人宽恕，也决不宽恕任何人"，临死仍然是他们自己，这就是中国人！一个民族可以没有宗教，但不能没有文化。当前社会生活的种种弊端，说到底都是缺乏文化的表现。所以需要弘扬传统文化。但弘扬并非原封不动地恢复，而是需要借鉴外来文化以救弊补偏；再则，必须了解文化与意识形态应有区别。

二十三、智者动，仁者静

子曰："知者乐水，仁者乐山；知者动，仁者静；知者乐，仁者寿。"

【讲】此章辨知（智）、仁之别，关键在动与静。智者动，故乐水，亦多乐；仁者静，故乐山，亦多寿。

【评】这仅是孔子的一种感悟，用的也是文学语言，没有多少道理好讲。过去注家做出种种解释，如"知有成功得志故乐""无欲故静"云云，都讲不通。康有为的这个说法倒是对的："孔子两为形容，学者实宜仁智兼修，不可偏阙也。"仁智兼修，则时动时静，山水都爱，既快乐又长寿，岂不很好？

二十四、鲁须一变，齐须再变

子曰："齐一变，至于鲁；鲁一变，至于道。"

【讲】齐国为太公之后，鲁国为周公之后。孔子当时，齐强鲁弱，他认为鲁犹胜于齐。其原因，按程颐、朱熹等人的解释，是鲁世虽衰而周公遗教尚存；而齐国经过桓公霸业，其俗急功利，喜夸诈，太公之遗风已无存。故齐须一变方可至于鲁，鲁如一变即可至于道。道，包咸说为大道（康有为引申为大同之道），程、朱则说为先王之道，总之是孔子心目中的理想社会。

【评】孔子反对霸权的武力征服，主张以礼治国并统一天下。这里他说鲁须一变，而齐须再变。而终于未变。最后统一天下的还是以武力取胜的秦国。但孔子理想并不因此失去光辉,近世康有为注此章还大加鼓吹,便是证明。

二十五、叹世风之不古

子曰:"觚不觚,觚哉!觚哉!"

【讲】觚(gū):盛酒之礼器,一升曰爵,二升曰觚。觚本棱形(或曰六棱,或曰八棱),时人破觚为圆,故孔子说"觚不觚",即觚非觚,觚不像个觚的样子。"觚哉,觚哉"则为感叹也。

【评】此叹古风之无存,说明其保守。在我们看来,器物形状变化没什么了不起。过去注家或将其与为君治国之道相联系,则纯属想当然,今不采。

二十六、仁者不愚

宰我问曰:"仁者,虽告之曰:'井有仁焉。'其从之也?"子曰:"何为其然也?君子可逝也,不可陷也;可欺也,不可罔也。"

【讲】"井有仁"当为"井有人"(从朱注)。宰予问:如有人告诉仁者有人落井,"其从之也"有省辞,意谓他会听从而下井去救吗?孔子答道:为何要这样呢?"君子可逝也"。逝,往也。可以前往,做什么没讲,自然是去看看是否真有人落井,果真如此自然要设法打救,此文外之省义。"不可陷也",陷指下井,因为即使下边有人,跳下去也救不起来,而应想出别的办法,此其一;再者,宰予的问话,显然是说井里并没有人,他是问仁者会不会因为仁而上当。孔子认为不会,最后说"可欺也,不可罔也",可以欺骗但不能使之受蒙蔽(罔);前边所说"可逝也,不可陷也",正以此。

【评】宰予问仁者而孔子但以君子作答,这是因为孔子不轻言仁者,他把仁者看得很高,认为这些事说说君子如何对待就行了。此所谓君子,自然是指仁德或"志于仁"者。他们难免受骗,如宰予所说那种情况,不能不受骗,但并不蠢。孔子这个话,今天如加以借鉴,就是要做好人,但别当傻瓜。

二十七、博学不易,反约尤难

子曰:"君子博学于文,约之以礼,亦可以弗畔矣夫!"

【讲】文:文献,如诗、书、礼、乐等等。学文须尽量广博，但所学非均可践履，而是要"约之以礼"，约可释为约略、简要，亦可释为约束、检束，今采前义。约之，承上谓由博反约。以礼，用礼，礼指由博反约须遵循之规矩。如能做到上述两点，也就可以不背于道了吧！畔通叛，背也，其后有省辞：道。

【评】本章意思可分两层理解：一是博学须反于约，再是反约须用礼方可不背于道。强调礼与道已屡见，这里并没有新意；值得重视的是由博反约的主张。学须博而用须约，博学固然要下功夫，反于约则更难也更重要，否则学得再多亦无益于世。"以礼"，则不必，叛道亦未尝不可，任何新观点、新事物的出现，都必然是对众所公认之"道"的突破即背叛。

二十八、孔子发誓

子见南子，子路不说。夫子矢之曰："予所否者，天厌之！天厌之！"

【讲】南子：卫灵公夫人，既有淫乱名声，在政治上又有实权。她和孔子见面，或说是她派人召见，"孔子辞谢，不得已而见之"（《史记·孔子世家》）；或说为孔子主动去见她（见《吕氏春秋·贵因》等）。不管谁主动，总之孔子去见了南子，自然不是因为南子长得漂亮，而是出于政治上的原因。子路因此不高兴,一定是说了什么难听的话,所以孔子才对他发誓。矢,誓也。"予所否者",我要是行为不端的话,"天厌之",老天不容!厌,弃绝,不容也。重言之,可见其情绪之激动,子路的误解使他觉得很委屈。

【评】孔子见南子,在历史上曾引起不小风波,因为这的确和他一贯的主张不合。但历来说者总要为圣人的行为做出合理解释,因此出现一些稀奇古怪的说法。例如晚明张岱在《四书遇》中将孔子比作坐怀不乱的柳下惠,所以是圣人;又把子路比作闭门不纳的鲁男子,只能当贤人;于南子则曰:"妖妇人能笼络圣贤豪杰,唐武曌一流人也。"再如康有为认为子路拘于"小康"之制,子见南子乃"大同"之举,"圣而不可测",不知所云。这些不着边际的解释,其本身即说明孔子此举无法做出"合理"解释,实在也用不着。以今观之,即使孔子是因为南子长得漂亮要去看看,也没什么了不起!何况这不可能,应是政治上"由径"之举,这也和他的从政主张不合啊。子路的不悦则是"合理"的。颇可玩味的是,子路曾多次用孔子教给他的观点去批评孔子(众弟子中只有他敢批评孔子),孔子则多用诡辩的方法对付。这次他可是动了感情,以致对天起誓,有失师道尊严了。

须知孔子也是人,有缺点,有失误,言行有不一的时候,修养也并不总是那么高,激动时还会赌咒发誓。唯其如此,他才是可敬可亲的。

二十九、中庸之德

子曰："中庸之为德也，其至矣乎！民鲜久矣。"

【讲】中庸：中，无过亦无不及也；庸，常也。孔子认为居中守常，乃德之至即最高的道德，而人们少有此德为时已久。

【评】孔子学说有两个大体系，一是以孝弟为本的仁学体系，忠恕、礼乐等均包括在内，要为经世致用；另一体系也是为经世致用，但侧重于思想方法与行为方式，便是中庸。仁与中庸，对于塑造中国人的民族文化与民族性格均具有不可估量的重大影响。中庸，即居中守常，意味着平衡与稳定，此人人之所向往。但无论就人的一生或社会发展而言，都既需要平衡稳定又必须不断地加以突破，当然目的还是要达到新的平衡与稳定。孔子身处乱世，感叹中庸之德"民鲜久矣"，良有以也。后世历代统治者宣扬中庸之德，则是为巩固自己的统治，叫老百姓安分守己，这对文化和社会发展都是十分不利的。

从哲学和从社会终极理想的角度看，中庸之说至今仍自有其价值，是永远无法废弃的。但作为日常思想行为的规范来看，则须分人分事分时而论。比如对那些贪赃枉法和杀人越货之徒，若能使其恪守中庸之道自然很好！搞研究做学问则应攻其尖端，敢于打破常规，而不能居中守常。就个人而言，物质追求宜于居中守常，精神追求则不能。尤其是年轻人，最不宜安分保守，而应敢于为天下先！

三十、圣（博施济众）与仁（推己及人）

子贡曰："如有博施于民而能济众，何如？可谓仁乎？"子曰："何事于仁？必也圣乎！尧舜其犹病诸！夫仁者，己欲立而立人，己欲达而达人。能近取譬，可谓仁之方也已。"

【讲】博施：普遍施予（恩惠）。济：救助。民、众同义。子贡问："如有人普遍施予并能救助民众，怎么样？可算是仁了吧？"因为孔子一向把仁德看得很高，于是子贡穷极其量而言，殊不知这样一来就说过了头。何事于仁：犹谓非仁之事；不是说博施济众非仁，而是说非仅于仁所能为。孔子认为能做到的只有圣人，就连尧、舜这样的圣人也没有完全做到（犹病）呢！圣与仁，或谓有在位不在位之分（仁者无位，故不能博施济众），或谓为德之高低之别（圣最高，仁其次），都讲得通。总之孔子认为子贡提问是好高骛远，所以下边专就切实可行者言之。立：立足于世也。达：通行于世也，释为兴旺发达亦无不可。己既欲立欲达，故使人立使人达，这便是仁。

能近取譬：近莫过己身，取譬相喻，即上文所说推己所欲而及于人也。可谓仁之方：可说是实现仁的方法、途径（指"能近取譬"）。

【评】本章有两个观点值得注意。一是博施济众，孔子把它看得极高，"尧舜其犹病诸"，可见从未实现过；康有为将其说为"太平大同之世"。以今观之，这仍然是很遥远的理想。就人类社会终极理想而言，中外古今实无二致。区别在于，孔子寄希望于圣贤即明君贤臣，我们则主张民众依靠自身。再一点是，以推己及人释"仁"即爱人，此亦与西方伦理相通，我在《儒家忠恕与基督教黄金律》（《传统文化与现代化》1993年第5期）中有简赅的辨析，可参阅。照我的看法，本章云云乃是"忠"，过去注家解为"恕"，误矣！"己所不欲，勿施于人"才是"恕"；忠与恕都是推己及人（忠由积极方面言，恕由消极方面言），都是"仁"。再要说的是，圣（博施济众）与仁（推己及人）虽有高低之分，却无本质之别。仁道大成，即可称圣（此受刘宝楠"仁道大成，方可称圣"启发，仅改一字）。

["能近取譬"即推己及人，这里说是仁之方，其实也是圣即博施济众之方，此为儒家文化精要所在。]

PART 7

述而第七

一、述与作

子曰:"述而不作,信而好古,窃比于我老彭。"

【讲】此孔子自谓。他说他仅是传述而不创始,相信并爱好古代文化,"窃比于我老彭",私下自比于我那老彭。窃:谦指自己。我:亲之之辞。老彭:殷代好述古事之贤大夫;孔子为殷人之后,故称之为"我老彭"。

【评】此章云云,旁观者看来未免过分自谦,以至引起力主孔子托古改制的康有为的怀疑。他认为此章窜入了伪古文,"窃比"即为刘歆窜改,应是"莫比","不作""好古"原为称老彭,非孔子自谓。按此说毫无文献根据,纯属臆断,目的则在说明孔子并非述而不作,其实不必。孔子自我评价是一回事,实际如何又是一回事。实际上,孔子既有述亦有作;整理传授古代典籍便是述(康氏所谓托古),创立儒家学派便是作(康氏所谓改制)。

"述而不作"虽不合孔子实际,作为一种主张却对后世有极大影响,以至形成了重祖述与师承、言必有据、无征不信的治学传统。遵循这一传统,既出现了一大批卓有建树的大师,也造就了许多嗜古成癖的匠人和以炫博为务的呆子。

上述传统总的说来是个好传统，但对孔子的话需要加以修正。须知，述与作即承与传，亦即继往与开来，不能不继往也不能不开来，两方面都要顾到。应该是述而有作（孔子自己就是这样，其"作"之功远超过"述"）。述不易，作更难。必须是述而作，无述之作便一钱不值。中外皆如此，在中国尤其如此。

二、学而不厌，诲人不倦

子曰："默而识之，学而不厌，诲人不倦，何有于我哉？"

【讲】默而识之：旧注识读为志，解为记，并将识之与下边不厌、不倦并列为三件事；无论就本章文字还是参照孔子别处言论来看，这样理解均不妥；后来的注家陈陈相因，前边错了后边也跟着错。窃意识应读如字，识即知，默而识之即思量得知。其思量得知便是下边所说：学习从不满足，教人从不疲倦；"何有于我哉"，言除了学不厌、诲不倦，我无所有也。

【评】这也是孔子的自我评价。或视为自谦，或视为自任，都是旁观者的看法，在孔子自己不过是讲老实话、心里话。孔子既不以生而知之者自居，亦不以圣与仁自居，但以学不厌与诲不倦者自居；这类言论屡见于《论语》及有关典籍。

这正充分表明孔子的性格和智慧。

三、孔子四忧

子曰:"德之不修,学之不讲,闻义不能徙,不善不能改,是吾忧也。"

【讲】本章含义,朱熹所引尹氏之说最为简明:"德必修而后成,学必讲而后明,见善能徙,改过不吝,此四者,日新之要也。苟未能之,圣人犹忧,况学者乎?"学必讲,包括自习与诲人。徙,迁也,谓迁而从之也("徙"一本作"从")。

【评】尹氏"日新之要"之说颇当,此与曾参之"吾日三省吾身",均说明孔门师生日常自我要求之严格,这对后世儒家也有很大影响。

四、闲暇中的孔子形容

子之燕居,申申如也,夭夭如也。

【讲】燕居:闲暇无事之时。申申、夭夭,兼言形态与容色。如：语尾助词，无义。申申：舒展貌。夭夭：和悦貌。形容舒展而和悦，这便是闲居时的孔子。或将燕居释为退朝而处，然则此章若与《乡党》篇参阅，则一张一弛，相映成趣。又或将申申释为直释为敬，夭夭释为屈释为和，则不可取。申申、夭夭虽不相同，却都表明内心之松弛。

【评】前三章均夫子自道，此章乃弟子眼中的孔子。申申、夭夭仅其形容，亦可见其心情之轻松、怡然与安详。孔子张多弛少，此画像弥足珍贵。

五、孔子叹老

子曰："甚矣吾衰也！久矣吾不复梦见周公！"

【讲】周公：姓姬，名旦，周武王之弟、成王之叔，鲁国始祖，孔子所崇拜的先圣之一。这又是孔子感叹之辞，他说他衰老得太厉害，以至很长时间不再梦见周公了。

【评】"不知老之将至"的孔子，居然也有此叹。康有为认为这也是刘歆为了尊周公抑孔子而窜入的伪古文，根据之一是"至人无梦"。孔子做不做梦不知道，大概也要做吧。但从不说梦。后世云"痴人说梦"，孔子当然不是这种人。"子不语怪、力、乱、神"，亦不言梦，整部《论语》中"梦"字仅见于此章。康氏之疑不无道理。但也不敢信从，姑且存疑。标题只说叹老，此则人之常情，孔子亦不免。

六、分辨道、德、仁与艺

子曰："志于道，据于德，依于仁，游于艺。"

【讲】志，心之所之也。据，执守也。依，不违也。道、德、仁，在孔子学说中是一回事，道即仁道，德亦仁德；既可曰志于道，亦可曰志于德、志于仁；据于、依于亦然。此章先后分别言之，但为强调（志之，据之，依之），不是说三者有何不同。"游于艺"则有所不同，《学而》篇"行有余力，则以学文"，正可为此注脚。游，指可广泛涉猎但不必专执，与上文志、据、依相比，究有轻重之别。

【评】此孔子自律，也是对弟子的要求。用今天的话说，他总是把道德修养看得比业务知识更重要。

七、孔子收学生的条件

子曰："自行束脩以上，吾未尝无诲焉。"

【讲】束脩：脩，脯，干肉；一束为十脡，即十条。孔子说，只要主动送上十条干肉来，我从无不教的。钱穆将前句译为"从……的起"，意谓起码十条干肉，有钱的还要送别的；事实如何不得而知，但这恐怕不是孔子的意思。

【评】这是孔子自道收学生的条件。这条件就是送上十条干肉吗？不对。须知古时初见尊长必执赘以为礼，男赘大者玉帛，小者禽鸟，脩乃女赘之小者（见《左传·庄公二十四年》）；可见束脩只是很微薄的见面礼。虽然微薄，却非要不可，并且必须"自行"送上。因为只有这样，才说明你有求学的诚意，愿执弟子之礼；这便是孔子收学生的条件。后世误解孔子原意，遂将给教师的报酬称为束脩。最近有个日本老人经人介绍向我学唐诗，一来就问束脩多少。我说我不是孔子，不要束脩，于是她送上烟、酒；虽不是干肉，其实这才真正合乎束脩的原意。

孔子之前只有官学，私学自孔子始。上官学要讲条件，首先必须是贵族子弟。孔子却什么也不要求，连学费也不收，只要你愿意学他就教，他的条件等于无条件。有教无类，孔子为私学开了个很好的头。现在有人办私学，却以贵族学校为标榜，真是伟大祖先的不肖子孙。

八、启发式教育与举一反三

子曰:"不愤不启,不悱不发。举一隅不以三隅反,则不复也。"

【讲】前二句,何晏注引郑玄曰:"孔子与人言,必待其人心愤愤,口悱悱,乃后启发为说之,如此则识思之深也。"朱熹遂将愤解为"心求通而未得",悱解为"口欲言而未能";后之注家均从此解。按《尔雅》《广雅》均无"悱"字。许慎《说文解字》亦无此字,后由徐铉《新附字》增入,从郑玄解作"口悱悱"。后来的字书载此字,也都采取郑玄或朱熹的解释(《玉篇》采郑玄解,《康熙字典》以至《辞源》均采朱熹解)。窃谓不妥。"愤"与"悱"都是形声字,形均从心,都是指心理状态,不当分别心、口而言。或疑"悱"即原《说文解字》上的"悲"字(见程树德《集释》),有理。孔子的意思是说,只有当学生在学习中遇见困难,因而感到愤懑或悲哀时,才去启发他。其道理,程颐解释得很好:"不待愤悱而发,则知之不能坚固;待其愤悱而后发,则沛然矣。"(朱注引)下边两句是说,学问犹如屋之有四隅,他仅举一隅教给学生,要求他们由此推知其余三隅。反,还也,还以相证也。如果做不到,"则不复也",今人译为"我不会再教他"(钱)或"便不再教他了"（杨），不妥。窃意教还是要教的，但不会教给他新东西了；恐怕这才合乎原意。

【评】本章乃孔子自言教学方法，也是对学生的要求。可以看出他主张启发式教育，反对灌输式教育，并且善于循序渐进的诱导；与此相应，也要求学生有学习的自觉性与主动性，能发愤并学会独立思考。

九、吊丧食不甘味，哭不复歌

子食于有丧者之侧，未尝饱也。子于是日哭，则不歌。

【讲】何晏注本此分为两章，今从朱注合为一章。这也是孔门弟子对孔子的观察，均指吊丧而言。说他在死者家属面前吃饭从不吃饱，食不甘味也；吊丧（哭）当天就不再唱歌，余哀未尽也。此两点，均表明其恻隐之心即仁心。

【评】庄子"齐生死"，老婆死了鼓盆而歌，在我看来是自欺欺人。生与死全然不同，并且永远无法沟通。我也曾想，人从生到死不过是"无中生有有还无"，这是在我老婆死时的想法，从中似乎得到点安慰。但这是活人的想法，因为"有"，才能领悟到"无"。对我老婆来说，"有"既不存，又哪来的

"无"？连"无"也没有！人人都必不可免地要走进这个不可知的黑洞，对生者来说这的确是可悲的，并且是庄严的。孔子不言死，以其不可知；吊丧食不饱、不歌，则说明他认为死是可悲的，不饱、不歌也正是推己及人。《礼记·檀弓》"食于丧者之侧，未尝饱也"及"吊于人，是日不乐（yuè）"，同书《曲礼》"哭日不歌"，即由此而来。儒家之礼原是对感情的规范。所以孔子有"人而不仁，如礼何？人而不仁，如乐何？"（《八佾》）之叹。到后世推行之礼教更是每况愈下，反而成为人的感情与良知之桎梏。此亦不可不知。

十、行与藏，勇与谋

子谓颜渊曰："用之则行，舍之则藏，惟我与尔有是夫！"子路曰："子行三军，则谁与？"子曰："暴虎冯河，死而无悔者，吾不与也。必也临事而惧，好谋而成者也。"

【讲】用之、舍之，主语都是统治者；行与藏，即别处所说见（现）与隐。孔子对颜渊说："如见用就出来做事（仕），如见弃就归隐，大概只有我和你能这样吧。"旁边的子路因为没提到自己，于是插话："如果先生统帅三军，那你和谁在一起呢？"三军，大国之军，每军一万二千五百人。子路心直口快，希望老师注意到自己的长处，结果却受到批评。暴虎冯

（píng）河：见《诗经·小雅·小旻》"不敢暴虎，不敢冯河"。暴虎谓徒手与虎搏斗，冯河谓徒步涉水（不用船只）渡河。孔子说："暴虎冯河，到死也不后悔的人，我是不和他在一起的。如定要和谁一起的话，那必须是遇事小心谨慎，善于谋划而成事的人。"子路有勇但无谋，孔子的批评正是针对其弱点。

【评】舍之则藏，这点颜渊大概做到了，孔子自己并没有做到。他一生做官时间很短，绝大部分时间在野，但并未"藏"，而是东西南北奔走，寻找实现抱负的机会，虽不见用，仍然向往着"行"，"藏"只是偶有的一闪念。"知其不可为而为之"，这正是孔子的伟大处。孔子的悲剧现在已不可能发生，知识分子出路很多，不一定要当官。但孔子执着于用世的精神仍可继承，无论在什么情况下都要"行"不要"藏"，须知人生价值只能在社会中实现。

孔子尝云："自吾得由，恶言不闻于耳。"他深知子路尚勇的优点，也深知其无谋的弱点，一有机会就抓紧教育，可惜子路到死也没有改过来。子路之死，实在很冤！他是在卫国做官，因为主动参与庄公、出公父子间君位之争被打死；这样的内乱本不该参与。再说，战斗中冠缨被击断，你该光着头继续打啊！他却因为"君子死而冠不免"，放下武器去结缨，结果被打死。孔子评子路："由也升堂矣，未入于室也。"子路从孔子那里确实学了许多东西，却没有学到家，升堂而未入室。就拿结缨来说，即便孔子处在他的地位，大概也不会因为拘礼而丢命。然而这也正是子路可爱之处。在孔子众弟子中，我喜欢子路、子贡，不喜颜渊、曾参等人。

十一、孔子比颜渊有人情味

子曰:"富而可求也,虽执鞭之士,吾亦为之。如不可求,从吾所好。"

【讲】而:此处同如,假设连词(杨注)。执鞭:贱者之事,谓手拿皮鞭守门或开道。孔子说:"富若可求,即便是看门开道之类的贱职亦为;如不可求,则从其所好。"所好为何?这里没讲,注者多说为道;果尔,富若可求,难道就不好道了?窃意此所谓好,当指前边说的"藏",具体讲便是后边说的"饭疏食饮水,曲肱而枕之",即归隐。

【评】只要能发财,即便执鞭也不辞,难道孔子真是这种人吗?当然不是。但他明明这样讲的呀!于是旧注多以富乃由命由天而不可求解释,窃谓不妥。康有为的解释比较可取:"言执鞭亦为,乃言语之妙为抑扬,极言富之必不可求,以发愚蔽耳。若志士之不为执鞭,岂待于辨?况圣人哉!"只是"发愚蔽"之说不实。按"吾亦为之""从吾所好",明明说的是自己;当然不是说他真愿那样做。须知孔子说话并不总那么严肃。同类命题,前边所说"不处""不去"是严肃的,本章云云则是贫困中的诙谐。实际上,执鞭或"从吾所好"即归隐他都做不到！虽做不到，随便说说，宣泄一下感情总可以。由此亦可悟出孔子赞叹"贤哉回也"的奥妙。颜渊之安贫是什么话也不讲；孔子之固穷却时不时地要说点怪话，他的修养实不如他的学生颜渊。唯其如此，孔子更有人情味，难道不是吗？

十二、孔子之所慎，敬而远之

子之所慎：齐，战，疾。

【讲】齐：同斋，斋戒，祭祀前所做的身心清洁功夫。孔子所慎重对待的有三件事：斋戒，战争，疾病。

【评】孔子为何对此三事特别慎重？旧解谓齐是为与神明交，战关系国之存亡，疾关系人之生死，都特别重要，故不得不慎。这种解释不能说不对，但未得此说之精髓。窃意此处之"慎"，除了慎重还有敬而远之之意。此须与"敬鬼神而远之"（《雍也》）、"子不语怪、力、乱、神"（《述而》）及"未知生，焉知死"（《先进》）相参。齐是为与鬼神交，战便是力，疾则与死相连，都是孔子所竭力回避的。虽想回避却又避而不免，因为祭祀、战争、疾病都是现实存在。战争与疾病须慎重对待不必说，孔子重视祭祀当如何解释？难道真是相信鬼神之实有？窃不以为然。这只说明对"礼"的重视，重礼正是为将与神交的文化改造为与人交的文化。说穿了，齐、战、疾在孔子眼里都不是什么好事,但又不能不重视:所谓"慎"必须从这两方面去理解,方可知其"务民之义"之精髓。

十三、孔子陶醉在音乐之中

子在齐闻《韶》,三月不知肉味,曰:"不图为乐之至于斯也!"

【讲】韶:相传为歌颂舜的一种乐舞。孔子在齐国听见这种音乐,深受其感染,以至三个月吃肉都不香。他说:"没料到音乐之美妙能达到这般境界!"三月乃形容时间很长,不必是实指。旧注或将"斯"解为齐国,大煞风景。或又据《史记》之载将"闻"解为学、闻习,亦不必采。还是照字面平直理解为好。

【评】《八佾》篇载"子谓《韶》:尽美矣,又尽善也",那是一种评价。本章所载,则纯为审美。吃肉为物质享受,听音乐则是精神享受,以此"三月不知肉味",精神终于战胜物质;"不图为乐之至于斯也"。究竟什么境界却不讲,大概是讲不出,其实也不用讲。美原是不可言喻的,又是不言而喻的。孔子也会发出这种赞叹真叫人吃惊,这说明他很懂得审美。因为他有不少从政教功利角度谈诗与乐的言论,本章所说就显得特别珍贵。

十四、争国与让国

冉有曰:"夫子为卫君乎?"子贡曰:"诺,吾将问之。"入,曰:"伯夷、叔齐何人也?"曰:"古之贤人也。"曰:"怨乎?"曰:"求仁而得仁,又何怨?"出,曰:"夫子不为也。"

【讲】了解此章须先知其背景。卫灵公死,时世子蒯聩(kuǎi kuì)被逐在外,国人立其子辄(zhé)为君,是为出公;出公既立,拒其父于国门之外,父子间为争夺君位展开了长期斗争。出公在位十二年,君位终被其父蒯聩所夺,是为庄公;这是后话。此处所谓卫君,即为出公。冉有问先生会为卫君做事吗。为,为其做事之意。子贡说:"让我去问他。"但子贡见了孔子并不直接提问,而是问他对伯夷、叔齐的看法。孔子称其为古之贤人。子贡又问"怨乎",此问很重要,因为蒯聩、蒯辄父子是彼此怨恨。但孔子觉得问得奇怪,故曰:"求仁而得仁,又何怨?"求仁得仁,指其彼此让国的行为。夷、齐之让国与聩、辄之争国,正好相反;孔子既许夷、齐,即可知其定不赞成卫君(出公辄)之据国拒父。所以子贡出来对冉有说"夫子不为也",先生不会为他做事。

【评】由子贡的提问看，这应该是孔子首次对夷、齐做出评价，这对后世影响深远。卫国君位之争，历代王朝屡见不鲜，因而夷、齐之事才那样引人注意。孤立地看，其让国以至逃国实无必要，不食周粟以至饿死更是愚蠢；因为现实太龌龊，方显出其人品之高洁，才成为可望而不可即的高士。据我所知，只有李白胆敢对这样的高士表示非议。

十五、孔子想当隐士

子曰："饭疏食饮水，曲肱而枕之，乐亦在其中矣。不义而富且贵，于我如浮云。"

【讲】疏食：粗粮。肱（gōng）：由肩至肘的部位，此处泛指胳膊。吃粗粮、喝白水，言生活之简；妙在"曲肱而枕之"，弯起胳膊当枕头，言其逍遥自在也；所以接着便说"乐亦在其中矣"，虽然疏食饮水亦自有乐，乐就乐在逍遥自在。后两句，当与前边所说"富与贵，是人之所欲也，不以其道得之，不处也"相参。孔子非不欲富贵，但不欲不义即"不以其道得之"的富贵；这样的富贵别人你争我夺，他却看得轻如浮云。

【评】旧注云云，都是说圣人心中如何如何，其实这正说明其内心的矛盾与动摇。关键在于，疏食饮水与曲肱而枕，分明是自得其乐的隐者形象！儒家圣人怎能向往这个？但孔子确曾向往。原因就在，不义之富贵不愿得，合乎义的富贵又不可得，只好避世独善。想逃避而毕竟没有逃避，这才充分显示出孔子人格的光辉。

十六、孔子年将五十还想重新学起

子曰："加我数年，五十以学，亦可以无大过矣。"

【讲】在汉代，《论语》分齐、鲁、古三种本子，文字及篇章划分均互有出入。我们今天读的《论语》，乃经西汉末张禹及东汉末郑玄重新编订，既包含三种本子又并非其中任何一种。本章"亦"作"易"，断句则为"五十以学《易》，可以无大过矣"，是从古本。按陆元朗（德明）《经典释文》于此有云："学《易》如字，鲁读易为亦，今从古。"陆为初唐人，还能见到《论语》的不同本子。我这里便根据鲁本将"易"改"亦"并据以断句（钱穆也是这样做的）。理由很简单：孔子所见之《易》，最多也只有卦、爻辞，还纯粹是占卜之书；而孔子是根本不信占卜的。

孔子说："让我多活几年，五十岁开始重新学起，或许就会没有大过错了。"

【评】这应是孔子年将五十或刚到五十时说的话。孔子说过"吾十有五而志于学",为何老已将至还说这种话?曰:这就是"学然后知不足"啊!或许他当时遇见了什么很不顺心的事,甚至是觉得自己犯了大错误,深感有从头学起之必要,所以我在讲解中加了"重新"二字。即使以上推测不实(谁也不知实不实),孔子说出这种话也不奇怪。学得愈多,未知领域也愈多,愈学愈无知,愈是迫切感到学之必要。我年过六十尚有此感,何况四五十岁时的孔子?

十七、孔子讲课用雅言

子所雅言,《诗》、《书》、执礼,皆雅言也。

【讲】雅,正也。雅言乃相对方言而言,犹如过去所谓官话,现在我们叫普通话,台湾地区叫国语。当时的雅言,自然不是以北京话为基础,大概是以周王室西都(镐京)或东都(成周)的语言为基础。一个大国,方言既多,加以规范就十分必要。据载周公所撰《尔雅》,尔训昵,近也,近于雅,便是以雅为规范。到了春秋后期,诸侯国各自为政为时已久,懂雅言的人已经很少。孔子为鲁人,平时操鲁语。可是当他诵《诗》、读《书》和执礼时,却都用雅言。执礼:执,言执而行之。古时祭郊庙、祀山川以及燕射等等都是礼,行礼皆有诏赞者为之宣唱使无失序,如后之有赞礼官及今之有司仪。孔子未必担任过这种角色,但确曾教弟子习礼,这时他也总是讲雅言，不用讲鲁国话。

【评】孔子教弟子的科目，主要是《诗》、《书》、礼、乐。《诗》、《书》、礼用雅言；乐自然也是雅乐，"吾自卫反鲁，然后乐正"（《子罕》）可证。既说明其对传统文化之重视，亦可见其天下大同的理想。

十八、发愤忘食，乐以忘忧，不知老之将至

叶公问孔子于子路，子路不对。子曰："女奚不曰，其为人也，发愤忘食，乐以忘忧，不知老之将至云尔。"

【讲】叶（shè）公：楚国大夫，叶县尹，僭称公，是因为当时楚君称王。此人姓沈，名诸梁，字子高，《左传》有载，刘向《新序·杂事》所载"叶公好龙"也是他的故事。他问子路：孔子这人怎么样？子路大概是不知对方用意，不知如何回答，所以没有回答。事后孔子得知，便对子路讲本应如何回答。奚：疑问副词，为何。"其为人也"，应从语气上领悟，可译为"他这个人呀"。"发愤忘食，乐以忘忧"，按《史记》载，此前还有"学道不倦，诲人不厌"两句，然则发愤与乐皆指学与诲。学与诲之未得，则发愤以至忘食；已得则乐而忘忧，现实中种种烦恼均置之度外。"不知老之将至"，言专心致志于

学与诲，连人之将老亦无暇顾及。按《史记》，其时孔子年近六十。"云尔"，就这样说呀（指上面的话）。

【评】据载，孔子由蔡到叶已屡经坎坷，叶公曾问政于他但无结果，此刻他对从政大概已很有些心灰意冷（虽未放弃），所以才对子路说出这番话，意谓仕虽不成仍另有所恃，便是学与诲。这番话，对今天有志于学者也是一种激励，只要不想升官发财（现在的潮流是鼓励升官发财）。最近应一家刊物之邀写了篇治学经验之类的文章，题目叫《勤奋与自尊》。勤奋便是孔子所说"发愤忘食，乐以忘忧，不知老之将至"。自尊则是谈研究中之自我投入，此与孔子看法不同，他鼓吹"毋我"，我则认为非有"我"不可。当然实际上孔子之"我"非常多！否则怎能创立一个影响至今的大学派？

十九、孔子承认有天才但不以天才自居

子曰："我非生而知之者，好古，敏以求之者也。"

【讲】此章须与"生而知之者，上也；学而知之者，次也"（《季氏》）相参。孔子认为有生而知之者，但自己不是，自己是"好古，敏以求之者"，即学而知之者，知之次也。好古，即好学，其所学不限于书本（当时的书并不多），还包括从古代传下来的礼、乐、风俗、名物等。须知任何文化都是在

传承中发展，即便是"新"东西，当你去学习时便已是"古"；人文文化的发展比较缓慢而稳定，很少发生突变，所以我说好古就是好学。敏以求之，则说明其善于学。敏，速也；求，求其究竟，求其所以也。"知之"与"求之"的"之"，含义丰富，须细加玩味，但不必泥解。

【评】此章云云是孔子谦逊，还是自诩？我说都不是，这只能说明他聪明。因为，生而知之者实际并不存在，即便天才也是学然后能知，这个简单道理孔子不会不懂。那他为何要说有这种人呢？因为他需要有偶像即圣人（在他那个时代不能没有），生而知之者就是指这种人。此其一。再说，生而知之者固然没有，天才确实是有的。天才就是马克思所谓"音乐的耳朵"，有这种耳朵的人也要学习才能成为音乐家，但要没有这种耳朵再学习也成不了音乐家。从孔子的许多言论看，他相信有天才，但从不以此自居，这就是他的聪明。因为，正如美是不自觉的一样，天才也是不自觉的，只能是旁观者的评价。如果一个人自以为很美，只能使人厌恶；而内在的天才比起外表的美来是更难察觉的。古今中外出现过许多天才，但就我所知其中没有任何一位是以天才自居，却都是把自己的成就归结于勤奋，这不是谦逊而是真实的感受。聪明人必然都是老实人。孔子就是这种人。

二十、孔子反对力与乱，不信怪与神

子不语怪、力、乱、神。

【讲】朱熹引谢氏曰："圣人语常而不语怪，语德而不语力，语治而不语乱，语人而不语神。"其所语者，是他赞成与信奉的；不语者，则是他反对或不信的。分别言之，力与乱有其实，力（暴力统治与武力征服）正是造成乱的原因，春秋后期的现实就是这样，这是孔子所反对的，他主张以德服人而使天下太平（治）；怪与神则属虚妄，孔子根本不信，他只关心人事之常，建立正常的人间秩序。

【评】按《汉书·郊祀志》引此章无"力乱"二字，则子不语怪与神尤为引人注意。又，朱熹解此章，认为怪、力、乱与神有别，前属"不正"后属"正"。既属"正"为何也不谈论？曰"有未易明者"，这是想当然。神包括鬼（人神曰鬼），均属于"正"是不错的；此章之妙，妙就妙在将鬼神与"不正"之怪、力、乱并提，可见在孔子心中鬼神犹如怪异，不可信也。他从不对学生讲这些不可信的东西，子路问事鬼神就碰了钉子；此外《论语》中还有大量例子可证孔子对鬼神之不信。然则为何历来注家都不敢将此点破，只说为"存而不论"？若非他们自己信鬼神，那就是孔子重视祭祀的缘故。祭祀对象不是神便是鬼，在他所承传的夏、商、周三代文化中都有，不能不重视。其所重视的是礼，目的则在维持人间秩序，用"齐之以礼"取代"齐之以刑"，正是孔子托古改制的关键所在；所以说"吾不与祭，如不祭"，平时绝不谈鬼神，也不信祷告与占卜，就因为他不信鬼神之实有。

不信鬼神与怪异之事，这对后世文化发展有着不可估量的巨大影响。当然，小说家言又当别论。从六朝志怪到《聊斋志异》，都是写的神怪，或为猎奇消遣，或别有寄寓，作者未必相信实有其事。清乾隆年间著名诗人袁枚也写过一本神怪故事，题目就叫《子不语》，似乎有意与孔圣人唱反调，你不说，我偏要说；实则他对其所说怪诞之事亦并不信，不过是为猎奇消遣而已。中国文人就其主流而言都是天生的无神论者，于此孔夫子功莫大焉！

小　结

本期共讲了六篇另二十章，正好是全部《论语》的三分之一。前人云半部《论语》治天下，治不了天下能治一国也不错，再不然就去当个省长、部长吧。这是玩笑话。中国和世界的未来寄托在平民百姓身上，尤其是其中的知识分子。不是有了专业知识就叫知识分子，还必须对现实采取批判的态度，关心自己民族乃至人类的命运。

孔子就是中国历史上第一个知识分子。我开这门课，首先是想让你们了解孔子之真貌。这个继承三代文化，创立了儒家学派的历史伟人，充满智慧并且很有性格，但同时也是你我一样的血肉之身，并非一贯正确的泥塑木雕。他很严肃，却也有幽默诙谐的一面，时不时地要开点玩笑。他自律很严，为人处世很有修养，但也经常发牢骚，急了还会骂人，甚至赌咒发誓。他为实现理想锲而不舍，"知其不可为而为之"，但也有内心矛盾和动摇的时候。他标榜"中庸"，但他自己的性格却显得很有棱角。总之孔子也是个凡人，凡人都不是只有一面，只有一面那就成了概念；唯其有多面，方显出其人情味，孔子是个很有人情味的人。其过人之处就在明智与好学。其不以天才自诩，仅以好学自居，便是最大的明智。

孔子学说，可以"务民之义，敬鬼神而远之"概言。今天看来极简单，在当时可是需要极大的智慧和勇气。因为，此前的中国文化，基本上属于巫文化，即同鬼神打交道的文化；"敬而远之"即仅保存祭祀之礼，拒绝鬼神对"务民之义"即人间秩序的参与，这是对此前文化的根本改造。既不言鬼神，亦不言天堂与彼岸（自然也没有相应的地狱），甚至根本不言死，这就杜绝了文化向宗教发展的可能性。在世界各民族的古代文化中，唯独中国的儒家文化不是宗教，这真是一个奇迹。

孔子学说本身，又可以一个"仁"字概括。仁者，亲也，从人从二；二人相亲即相爱。爱人如何爱法？曰"己欲立而立人，己欲达而达人"，是为忠；又"己所不欲，勿施于人"，是为恕。忠与恕都叫作仁，都是推己及人。前面讲过，基督教也讲爱人，其所谓爱也是推己及人，并且也分忠与恕两个方面（他们叫"黄金律"）。所不同者，儒家没有上帝，没有天堂，没有地狱，而是以人自身的感情做基础。

在宗族家长制社会里，人们相爱从家庭开始，这是一种天然的感情。所以说，"孝弟也者，其为仁之本与"！儒家仁学，正是家庭亲情的扩大，即孟子所谓"老吾老，以及人之老；幼吾幼，以及人之幼"。这就注定了这种爱必有长幼尊卑之别，此亦与近代西方所讲的平等之爱不同。以今观之，"君君臣臣"要不得，"父父子子"还是要的，社会上的敬老尊贤还是要的。其实现代西方社会也有尊卑之分，那是以财产和权势来划分。中国之敬老尊贤则是一种感情。农村一个教书先生，穷得要死，逢年过节到有钱人家吃饭，必然坐上座。我的老师吴组缃先生，年轻时给冯玉祥当老师，每次上课坐在太师椅上，冯玉祥自己则坐在他跟前的矮板凳上。这就是尊师重道，也就是尊贤。这在西方是不可想象的，他们不懂这点。

爱既要分尊卑等级，"礼以辨异"，礼正是对爱的规范。几年前在杭州开会，遇见几个50年代教过的老学生，吃饭时坐在一起，其中一个比我年纪还大，有人提出要给他祝贺六十大寿，他立即指我说："先生还没有过大寿，我怎敢！"这说明他懂礼，这礼是出于学生对老师的感情。如果他搂着我肩膀称哥们儿，也是表达感情，那像什么话？所以说感情也必须分等级。只分等级，冷冰冰的也不行，还需要彼此沟通，"乐以求同"，这便是音乐的作用。礼与乐都是实现仁的手段，也可以说是形式与内容的关系，"人而不仁，如礼何！人而不仁，如乐何"！只有形式没有内容不行。康有为认为礼为小康，乐为大同；礼与乐都是为实现仁。用礼乐为手段实现仁道，这便是儒家的社会理想。

仁是一个思想体系，儒家学说的基本，主要是讲社会伦理，包括许多具体方面。此外还有中庸，亦涉及社会伦理，但侧重于思想方法，也自成体系。其要旨在居中守常，在稳定协调，这对塑造民族文化和性格亦有极大影响。孔子在涉及文与质、言与行，以及在论述礼、乐和日常修养方面均表现出中庸的倾向，其合理性和消极的方面都已经谈过。坦率地讲，窃以为儒家思想精华在仁学；中庸思想从哲学上看自有其合理性，作为思想和行为规范实在是弊多利少。中国需要保存富有中庸色彩的传统文化，但中国的未来寄托在敢于打破常规的狂狷之士身上。狂与狷，相反相成，"狂者进取，狷者有所不为"（《子路》），有所不为，方能积极进取。历来中庸多，狂狷少，而文化和社会的变革总是由狂狷者推动，包括张扬中庸之道的儒家学说的建立和发展。所以我鼓吹狂狷品格，过去在文学研究中鼓吹，现在是全面鼓吹。这并非反儒，在我眼里孔子自己就是个狂狷之士，我自以为比历来研究孔子的人都更了解孔子。

孔子学说千头万绪，以上所说仁与中庸无疑是其体系的核心，从你们已学的三分之一中就能得出这样的结论。

再说说开这门课的用心，也是对你们的希望。

我在第一堂课曾说过，20世纪自然科学突飞猛进，人文科学却乏善可述，远不如19世纪。科学的进步，生产力的提高，物质生活的丰富，反而带来精神的贫乏以致道德的堕落，因此又出现类似庄子与卢梭的"回归自然"的呼声。我对人类文明的进程始终是充满信心的，甚至相信当地球毁灭之前人类必将迁徙到别的天体，"地球仅是人类文明的摇篮"。然则进入21世纪后，人类是需要好好研究一下自己了！以余观之，人文科学非有一个大发展不可，而发展必以复古为起点，这是个规律，中外皆如此；西方20世纪的"主义"多如牛毛，没有一个能与以前的经典学说相比，就因为都不是以复古为前提。而复古，自然是复东方之古，这已是当前许多学者的共识。无论如何，中国儒家文化将成为众目关注的中心，因为这是唯一非宗教的古代文化（道家文化也不是宗教文化），真正的人文文化。当然，复古只是起点，目的还在发展，在这过程中必须融入别的文化，尤其是启蒙运动以后的西方先进文化。

在座诸位都将成为21世纪之中坚，但愿其中有人能参与人文文化复兴，最好再出现一个或几个大家。无论你做什么工作，即便不参与，也会看到人文文化的复兴。到那时，如果你还记得这门《论语》课，将对你有所助益，并激发起进一步学习传统文化的热情。